Marina Baréa

O método APAC como alternativa para a ressocialização do condenado

D1719164

Marina Baréa

O método APAC como alternativa para a ressocialização do condenado

Uma forma de amenizar os problemas enfrentados pelo Sistema Prisional Brasileiro

Novas Edições Acadêmicas

Cover image: www.ingimage.com

Publisher:
Novas Edições Acadêmicas
is a trademark of
International Book Market Service Ltd., member of OmniScriptum Publishing Group
17 Meldrum Street, Beau Bassin 71504, Mauritius

Printed at: see last page
ISBN: 978-613-9-70217-6

Dedico este trabalho primeiramente a Deus, à minha mãe que sempre me apoio e auxílio para que pudesse atingir meus objetivos, aos meus familiares e amigos que sempre estiveram ao meu lado mesmo nos momentos difíceis, aos professores que são fonte de conhecimento e compreensão.

AGRADECIMENTOS

- A Deus, por iluminar meus caminhos para que eu prossiga sempre pelos mais corretos para atingir meus objetivos.

- A minha mãe, por ser uma pessoa maravilhosa, sempre buscando me auxiliar da forma como é capaz.

- Aos Professores, que me acompanharam durante esta caminhada, e que sempre estiveram dispostos a dar o melhor de si para buscar meus objetivos.

- À minha família, que sempre me apoiou durante esta jornada.

- Aos amigos e colegas, pela paciência e compreensão no decorrer desta trajetória.

- A todos que de uma forma ou outra colaboraram para que este trabalho fosse realizado com êxito.

Não procurem vingança, nem guardem rancor contra alguém do seu povo, mas ame o seu próximo como a si mesmo. Eu sou o Senhor.

(Levítico: 19.18)

RESUMO

O tema método APAC como alternativa de ressocialização do condenado visa apresentar o processo de cumprimento de pena desenvolvido, baseados na reinserção e valorização do condenado, inicialmente efetua-se a análise dos direitos humanos e sua construção histórica, bem como o funcionamento do processo penal e execução penal. Apresentam-se os métodos de cumprimento de pena para ao final referir sobre o método APAC, surgimento, princípios e os resultados alcançados. O trabalho é realizado sob o método dedutivo, acompanhado de pesquisa bibliográfica e legislação pátria. O modelo APAC apresenta-se como forma de auxiliar a solucionar vários problemas encontrados no sistema prisional comum, como por exemplo, a superlotação, ausência de infraestrutura, o número elevado de reincidência, carência de assistência psicológica, a saúde, abandono por parte de familiares e amigos, dentre outros problemas encontrados nos sistemas prisionais adotados atualmente, dificultando na reinserção do condenado à sociedade. Deste modo, o método APAC é apresentado demonstrando sua eficácia na ressocialização e humanização do apenado, com o auxílio de voluntários da comunidade onde o condenado está inserido.

Palavra chave: Direitos Humanos. Pena. Sistema Prisional. Reincidência. Método Apac. Auxílio de voluntários.

ABSTRACT

The APAC method as an alternative for the resocialization of the convicted person is intended to present the process of compliance with the sentence developed, based on the reinsertion and recovery of the convicted person, initially the analysis of human rights and its historical construction, as well as the operation of the process And criminal execution. Feather compliance methods are presented to refer to the APAC method, appearance, principles and results achieved. The work is carried out under the deductive method, accompanied by bibliographical research and national legislation. The APAC model is presented as a way to help solve several problems found in the common prison system, such as overcrowding, lack of infrastructure, high number of recidivism, lack of psychological assistance, health, abandonment by family members And friends, among other problems found in the prison systems currently adopted, making it difficult to reinsert the condemned person into society. Thus, the APAC method is presented demonstrating its effectiveness in resocialization and humanization of the victim, with the help of volunteers from the community where the convicted person is inserted.

Keyword: Human rights. Feather. Prison system. Recidivism. APAC method. Volunteers help.

.

SUMÁRIO

1 INTRODUÇÃO

A Associação de Proteção e Assistência aos Condenados é uma instituição sem fins lucrativos, que visa auxiliar na recuperação do condenado, diversamente do verificado nos presídios brasileiros, a APAC é um local aconchegante, que acolhe o condenado e sua família. O principal objetivo desta instituição é recuperar o indivíduo e inseri-lo na sociedade.

A APAC está baseada em doze fundamentos para o sucesso em seu funcionamento, que irão ser discorridos neste trabalho, estes fundamentos são essenciais para o funcionamento da APAC, e para desenvolver no recuperando fatores como a disciplina, o amor ao próximo, valorização de si mesmo, dentre outros.

É notório verificar os problemas enfrentados pelo sistema prisional brasileiro, como por exemplo, as estruturas estão totalmente danificadas, não há espaço dentro das celas, causando as super lotações, não há higiene, a alimentação é de péssima qualidade, ou seja, são inúmeros pontos, além dos apresentados, de violação à dignidade humana, e que acabam influenciando na reincidência do condenado.

Neste contexto, é impossível alcançar o objetivo que está previsto na Lei de execução penal, a recuperação do indivíduo condenado, por este motivo, surgem alternativas para auxiliar na resolução do problema, como é o caso da Associação de Proteção e Assistência ao Condenado – APAC.

Neste cenário, a presente pesquisa tem como objetivo principal apresentar os problemas encontrados no sistema prisional brasileiro, e demonstrar como a APAC pode auxiliar na resolução destes problemas com a sua implantação, evidenciar qual dos sistemas carcerários é mais benéfico ao condenado, e em quais locais a APAC já é implantada.

Para alcançar os objetivos desta pesquisa, o procedimento metodológico vai ser baseado na técnica de coleta de dados, chamada de coleta de informações, em sites, livros, artigos científicos entre outros, de modo subjetivo. A pesquisa é classificada como qualitativa baseada em informações bibliográficas.

O trabalho método APAC como alternativa de ressocialização do condenado será estruturada em três capítulos, o primeiro capítulo irá tratar dos direitos humanos e fundamentais, demonstrando como foi difícil a conquista dos direitos humanos no decorrer da história, pois sempre que houve uma conquista, houve também várias batalhas violentas que incidiram em barbáries cometidas pelos seres humanos contra seus semelhantes, como por exemplo, o nazismo na Alemanha, um evento lembrado devido ao número de mortos, tortura, dentre outros acontecimentos de violação aos direitos humanos.

Apesar dos direitos humanos, um direito externo que vigora em vários países na atualidade com os tratados e pactos internacionais, ainda há violação dos direitos humanos, assim como dos direitos fundamentais, direito humano interno, protegido pela Constituição Federal.

Neste contexto, no segundo capitulo será tratado sobre as garantias asseguradas ao individuo desde sua acusação, até após a sentença de condenação, como é o caso da execução penal.

O capitulo será iniciado falando sobre o processo penal, que é a fase onde o acusado pode se defender das acusações prestadas contra ele, pois este tem presunção de inocência, após o processo penal se o indivíduo é condenado surge então a execução penal, que vai ser a fase onde o condenado vai ter que cumprir sua pena, porém, sempre assegurando que seus direitos fundamentais não sejam violados, através da teoria da proporcionalidade.

E para finalizar, no terceiro e último capitulo será apresentado modelos de programas que visam à recuperação do indivíduo, através de sua valorização, e da sua família, como por exemplo, o método APAC, programas estes que visam solucionar os problemas encontrados na atualidade devido ao grande número de indivíduos encarcerados, e do número elevado de reincidência.

Estes programas, principalmente o método APAC, visam ajudar os recuperandos na recuperação de sua valorização, buscam manter o contato do apenado com sua família, procuram qualificar este indivíduo, através de cursos profissionalizantes, oficinas realizadas dentro da APAC, e também palestras motivacionais, para que fora da APAC este recuperando tenha uma vida diferente e não volte a reincidir, ou seja, alcançando a ressocialização, tudo isso pautado na disciplina dentro da instituição.

Esta pesquisa tem grande relevância tanto acadêmica, quanto social, devido à importância sobre o assunto, e como este vem sendo enfrentado no decorrer dos anos. Espera-se, através deste trabalho, contribuir para a aplicação do método A-PAC como alternativa de ressocialização do condenado, desse modo, auxiliando na busca da efetivação e valorização dos direitos humanos.

2 DIREITOS HUMANOS E FUNDAMENTAIS

Este capítulo vai tratar dos Direitos Humanos e Fundamentais dos cidadãos, estabelecendo seu conceito, os princípios dos direitos fundamentais, as garantias que são asseguradas aos cidadãos. Neste contexto, será exposto um breve relato da origem histórica destes direitos, e os eventos nacionais e internacionais que ensejaram a criação desses institutos, países que foram cenários e atores que protagonizaram a conquista desses direitos no decorrer da história. Tudo isso, baseado no princípio democrático de direito da dignidade da pessoa humana, previsto da Constituição Brasileira.

2.1 CONCEITO DE DIREITOS HUMANOS

Conceituar os direitos humanos no primeiro momento do trabalho é importante para entender suas características, qualidades, efeitos e outros meios que influenciam no andamento e bem estar da sociedade.

A expressão direitos humanos surge no século XXI, neste momento há uma crítica, pois devido a sua grande aderência a palavra direitos humanos começa a ser interpretada de várias maneiras e equivocadamente. Neste sentido, é necessário buscar a delimitação do seu conceito para que não haja o entendimento exacerbado de tal direito tão importante para o homem, e que muitas vezes é confundido com outros direitos, como os direitos fundamentais. Os direitos humanos ao contrário dos direitos fundamentais se encontram no campo externo, estão positivados em declarações que são válidas não apenas a um país, mas para um conjunto, grupo de países, para impedir que os Estados ou particulares abusem de seus poderes sobre a população. (GUERRA, 2014)

Os direitos humanos são derivados de conquistas alcançadas pela humanidade no decorrer da história, e suas dimensões podem ser divididas da seguinte forma; "os direitos civis, que podem ser expressos pela igualdade perante a lei e pelos direitos do homem, no século XVIII; os direitos políticos ganharam amplitude no século XIX, em decorrência da ampliação do direito de voto no sentido do sufrágio universal; os direitos sociais do século XX, pela criação do Estado de Bem Estar" (GUERRA, 2014, n.p).

O conceito de direitos humanos conforme pode se observar é amplo e pode ser distinguido como direitos básicos e inerentes aos indivíduos, necessários para que o homem consiga sobreviver e se desenvolver em sociedade, com dignidade humana. É por esse motivo, que esses direitos merecem uma proteção maior, diferentemente dos outros direitos que não menos importantes, mas que ficam em segundo plano quando o assunto é direitos humanos por serem considerados "acessórios". (ZANON JUNIOR, 2010, p. 110-111).

Zanon Júnior (2010), através de estudos de doutrinadores importantes, utiliza quatro itens para diferenciar os direitos humanos a outros direitos. O primeiro se baseia na declaração de 1948, onde se busca averiguar se o direito em questão tem relevância para a manifestação e divulgação da paz pelo mundo, conforme está instituído na declaração. O segundo é o direito em questão comparado ao princípio da liberdade, buscando cuidar da diversidade dos seres, respeitando a atividade pura de sua individualidade e diminuir as injustiças dentro da sociedade. No terceiro critério, é analisado o direito em evidência, abordando situações em que o indivíduo mais fraco sofre privações em seus direitos devido à preponderância de instituições, pessoas ou até mesmo do estado com poderes maiores que o mesmo, por mais que a situação de poder seja temporária.

Nesta mesma linha de reflexão, o último item em questão, é onde pode ser analisada a conexão entre o princípio da dignidade humana e o direito em foco, com o entendimento de que devem ser exclusivamente tidos como primordiais os critérios que são indispensáveis a um desenvolvimento completo dos indivíduos. Neste cenário, é possível verificar que a análise dos direitos humanos não é algo estático, mas sim, algo mutável, que muda no decorrer do tempo, sua interpretação depende do momento histórico em que se está vivenciando e principalmente do princípio da dignidade humana como base. É necessário deixar claro que além dos direitos que são assegurados aos indivíduos, os mesmos têm deveres que devem ser cumpridos, ou seja, respeitar os direitos que lhe são assegurados e os alheios também, e não só isso, mas também respeitar as regras impostas pelo Estado para o convívio social de forma pacífica e sem abuso de direitos.

2.1.1 Breve Relato das Conquistas Históricas dos Direitos Humanos

A construção dos direitos humanos é uma viagem no tempo e vem se perdurando desde a existência do homem na terra, porém, neste trabalho vamos abordar somente algumas passagens importantes na história onde os direitos humanos ficaram em evidência e protagonizaram conquistas importantes para seu reconhecimento mundial.

Com a descoberta da América Latina, inicia-se a colonização da América pela população espanhola com maior poder aquisitivo, que passa a eliminar a população nativa do território, neste caso os índios, e explorá-la de todas as formas possíveis. Os índios passam a sofrer tortura por parte dos colonizadores, que impõem a sua cultura, religião e crença à população indígena. Neste contexto, já é possível analisar várias violações aos Direitos Humanos. (TEIXEIRA; CAPELO FILHO, 2014).

Porém, Teixeira e Capelo Filho (2014) abordam que, apesar deste momento histórico da descoberta da América Latina, onde os fatos são muito valorizados e contributivos para a criação dos Direitos Humanos, os mesmos só são reconhecidos na Europa, entre meados do século XVIII, no início da idade moderna com a criação da Declaração de Direitos da Virgínia no ano de 1776, apontado que os direitos humanos são direitos inatos e naturais do indivíduo, não podendo os privar de tais direitos. Posteriormente, surge no ano de 1789 a Declaração dos Direitos do Homem e do Cidadão, seguindo a mesma linha de raciocínio da declaração anterior, e acrescentando que o indivíduo só pode sofrer com as diferenças sociais, quando isso propiciar o melhor para o bem comum. O momento histórico latino-americano neste momento não é relevado.

Os mesmos autores colocam que, além das situações já evidenciadas, foram vários os itens que ensejaram na evolução da idéia de direitos humanos no decorrer da história, em cada território, em anos diferentes, um fato que coloca em destaque a violação aos direitos humanos, a forma como os mesmo eram interpretados naquele contexto vivenciado pela população. Porém, até o momento eram fatos individuais de cada país, a universalização dos direitos humanos se deu no século XX, bem aquém do contexto histórico apresentado, isso porque, até o momento os direitos humanos eram algo instituído como direito natural e inerente ao homem, mas sem ser reconhecido pelo estado. No ano de 1948, após a Segunda Guerra Mundial é criada a Declaração Universal dos Direitos Humanos da Organização das Nações

Unidas, aos quais vários países passaram a ser signatários e respeitar, e então o Estado passou a ser o garantidor dos direitos aos cidadãos.

Anteriormente, aos fatos descritos acima, houve a contextualização dos direitos humanos no plano internacional que veio a ser explanadas, após as atrocidades cometidas a milhões de indivíduos no período nazista, pelo Estado Alemão, através de Hitler que acabou por violar vários Direitos humanos. Neste dado momento histórico, os direitos humanos eram considerados direitos inerentes ao homem, positivado, ou de qualquer forma que viesse a ser exposto. Com o término desses abusos, ou seja, da segunda guerra mundial se viu a necessidade de internacionalizar os direitos humanos através de um tratado e das Nações unidas no ano de 1945, composta por vários países. Unificando um conceito do que são Direitos humanos e como os mesmos devem ser preservados. O Tribunal de Nuremberg, por exemplo, foi um tribunal criado no contexto internacional, veio justamente para condenar os responsáveis pelas barbáries cometidas durante a segunda guerra contra a população, violação estas contra os direitos humanos. (PIOVESAN, 2015).

A Declaração Universal dos Direitos Humanos de 1948 foi o resultado de debates entre os anos de 1947 e 1948, a resolução que foi aceita por 48 votos a favor e 8 contra, em uma Assembléia Geral das Nações Unidas onde vários países estavam presentes, não tem força de lei e nem mesmo é um tratado, porém, devido seu uso costumeiro foi adotado por vários países, e até mesmo por países que não fazem parte das Nações Unidas. Em seu teor traz uma grande variedade de direitos, desde os civis até os políticos. Entende que os direitos estão ligados uns aos outros, formando os direitos humanos. E são duas as características que se destaca na resolução, uma é sua universalidade e a outra é a garantia de direitos básicos expostas na declaração, necessária para a sobrevivência e desenvolvimento do homem sem distinção de raça ou nacionalidade, pautada na dignidade da pessoa humana. (PIOVESAN, 2015).

Além das declarações descritas anteriormente existem outras, umas delas é a carta africana que foi aceita no ano de 1981, na Conferência Ministerial da Organização da Unicidade Africana (OUA) em Bajul, capital da Gâmbia. No ano de 2000 seu nome foi alterado para União Africana e abrange a maioria dos Estados africanos. Seu objetivo é o desenvolvimento dos estados africanos, unindo todo o continente para crescimento socioeconômico e a defesa dos direitos humanos. Nasceu devido às atrocidades cometidas no decorrer da história neste continente. (GUER-RA, 2015).

No sistema árabe os direitos humanos são baseados no alcorão, neste sistema Deus é o criador dos direitos humanos, e não um governante ou comissão conforme os outros sistemas, por esse motivo que o povo entende que não pode ser violado. Os documentos que asseguram tais direitos, porém sem efeitos jurídicos, são a Declaração universal Islâmica de direitos humanos do ano de 1981 e a carta árabe dos direitos do homem acolhida no ano de 1994 pelo conselho da liga dos Estados Árabes. (GUERRA, 2015).

É possível observar na breve explanação da história dos direitos humanos realizada nos parágrafos anteriores, que os mesmos evoluíram no decorrer do tempo. É resultado de batalhas históricas que comoveram gerações até a atualidade, pelas barbáries vivenciadas, apesar disso, as mesmas foram necessárias para a conquista dos direitos humanos, e não só direitos humanos, mas todos que derivam do mesmo.

2.1.2 Pacto de San José da Costa Rica.

O Pacto de San José da Costa Rica é fruto da criação dos direitos humanos internacionais e foram conquistados no decorrer da história devido às guerras incessantes. Os direitos humanos surgiram para garantir ao indivíduo um desenvolvimento com o mínimo de dignidade humana e respeito, o que não aconteceu na Alemanha com o evento histórico que marcou o país, que foi o nazismo e o fascismo, um período marcado pelas atrocidades cometidas a seres humanos. Depois, desses fatos da história que ensejaram a criação dos direitos humanos, tais direitos tinham que se efetivar e a partir deles surgiram outros, como pacto de San José da Costa Rica.

Foi assinada, na data de 22 de novembro de 1969, na capital da Costa Rica, San José da Costa Rica, também conhecida como Convenção Americana sobre Direitos Humanos, sua vigência iniciou a partir do ano de 1978, após ser aceito em 11 países os quais o ratificaram. Em 1979, na cidade de San José da Costa Rica, mesma cidade onde a convenção foi realizada, se criou a Corte Interamericana de Direitos Humanos, que faz parte deste sistema internacional de proteção aos direitos humanos e vai ser abordada com mais detalhes em outro momento do trabalho. (GOMES; SCHMIDT, 2012).

O Tratado de San José da Costa Rica tem como objetivo assegurar os direitos humanos essenciais aos indivíduos dos países que ratificaram e fazem parte da Convenção americana dos Direitos Humanos, independentemente da origem do indivíduo. O pacto se baseia na Declaração Universal de Direitos Humanos que entende que o ser humano deve ser livre para decidir sobre seus direitos políticos, econômicos, sociais, civis e culturais, sem medo e sem miséria. O documento da Convenção é composto por 81 artigos, que dispões sobre os direitos fundamentais do indivíduo, como direito à vida, liberdade, educação, dignidade, integridade moral e pessoal, além de outros direitos. Também está previsto no documento a proibição de escravidão e servidão do ser humano, além de garantias fundamentais para o desenvolvimento do indivíduo com dignidade. (SUPREMO TRIBUNAL FEDERAL, 2009).

A convenção não faz distinção dos indivíduos em respeito de raça, cor, religião ou situação econômica para ter acesso a tais direitos assegurado por ela, e inclusive exige que os países que a ratificaram tenham em seu ordenamento interno e no sistema jurisdicional, tais observações respeitadas e novamente expostas, para que haja seu devido cumprimento como previsto no tratado. Para a fiscalização do ideal cumprimento dos objetivos existem os órgãos constituídos que são a Corte Interamericana e a Comissão. A Comissão é competente em realizar eventos que disponibilizem e assegure os direitos e também para resolver situações individuais, o qual se torna possível devido à Organização dos Estados Americanos (OEA), já que os países que ratificaram o tratado fazem parte da organização e devem cumprir com as regras impostas por esta. (GOMES; SCHMIDT, 2012).

O Brasil, como faz parte da OEA deve respeitar o tratado de San José da Costa Rica, além de outros direitos humanos conquistado pela OEA. Porém, o Brasil somente ratificou tal pacto em 1992, depois da promulgação da Constituição Federal em 1988, antes disso, viveu uma intensa batalha contra a ditadura militar que assolou o país, nesta época um grupo de extremistas militares derrubou o governo e começou a praticar barbáries, como a tortura para descobrir segredos de grupos, estudantes, jornalistas, advogados que não aceitavam a ditadura, ou seja, violando direitos humanos. (MAIA, 2002).

O tratado de San José da Costa Rica é uma importante conquista no que diz respeito aos direitos humanos, e o mais importante é que teve uma aderência no sistema internacional de proteção aos direitos humanos, o que os torna efetivo e menos sujeitos à violação. Este trabalho de proteção aos direitos humanos é uma forma de proteger os países, os seres humanos de voltar a sofrer barbáries por parte do poder soberano do estado, mas não somente do estado, mas de indivíduos que tenham o objetivo de guerrear. Não que o tratado vai impedir que tais atos aconteçam, mas que aconteçam com menos intensidade dos que já vividos no decorrer da história e de que os violadores dos tratados sejam julgados e condenados e não fiquem impunes.

2.1.3 Corte Interamericana de Direitos Humanos

A Corte Interamericana de Direitos Humanos foi criada devido ao Pacto de San José da Costa Rica e seu objetivo é defender os direitos humanos que no pacto estão previstos, além de reconhecer outros tratados, sua função é interpretar e julgar casos referentes à Convenção americana sobre os direitos humanos de países que fazem parte da Organização dos Estados Americanos (OEA), e que adquiriram a competência.

A corte é considerada um tribunal internacional que julga casos de violação dos direitos humanos interno dos Países. Dentre os países membros, são escolhidos indivíduos com autoridade moral e notório saber jurídico, especialistas em direitos humanos, para constituir a banca de juízes da corte, que é composta de sete lugares e eleita pela assembléia geral da OEA, o mandato é de seis anos. A corte está localizada na própria Costa Rica e é uma instituição autônoma. (SUPREMO TRIBUNAL FEDERAL, 2009).

Existem três funções essenciais da corte, uma é a função jurisdicional que vai verificar se o estado membro da OEA violou algum direito imposto por ele, além de determinar a competência da situação evidenciada. A segunda função é conhecida como medidas provisórias que somente pode ser adotada quando há existência de violação de direitos humanos extremos e que podem causar prejuízo ao indivíduo, nestes casos a corte tem a autonomia de determinar qual é a melhor forma de resolver a situação. A corte pode atuar nestes casos quando for provocada pela CIDH, ou quando tiver conhecimento dos fatos, antes de ser provocada. A última função, mas não menos importante, é a função consultiva que é responsável por responder às dúvidas dos Estados membros e dos Estados que adquiriram outros tratados referentes aos direitos humanos internacionais. (CONSELHO PERMANENTE DA OR-GANIZAÇÃO DOS ESTADOS AMERICANO, 2002).

Referente à função de jurisdição, importante na defesa dos direitos humanos, as pessoas têm direito de peticionar perante a corte interamericana, porém essa petição é realizada na Comissão Interamericana de Direitos Humanos, pois somente a comissão e o estado podem postular diretamente na corte. A comissão pode ser comparada com o Ministério Público, devido às suas funções similares. Logo após, a vítima peticionar, a Comissão tem o dever de averiguar se preenche todos os requisitos solicitados de admissibilidade e se o mérito é cabível, a comissão então irá determinar conforme a situação exposta, caso esta venha a ser negativa, não cabe nenhum tipo de recurso. Mas, caso a vítima concordar pode haver um tentativa de mediação entre o Estado que infringiu o tratado e a vítima. Se a comissão verificar que a possibilidade, pode a mesma determinar medidas cautelares em proteção da vítima, de ofício ou a própria vítima pode solicitar, deferida a solicitação ou a solicitação realizada de ofício é encaminhada ao Estado que tem a responsabilidade de salvaguardar pessoas ou objetos, conforme determinação. (RAMOS, 2015).

O Estado não é obrigado a cumprir a demanda cautelar, determinada pela comissão, mas caso a mesma achar conveniente, pode processar o estado perante a Corte interamericana de Direitos Humanos, nos casos em que o Estado já tenha confirmado sua responsabilidade jurisdicional. No mesmo contexto, podem os estados propor demandas perante a comissão contra outros estados, como se fosse uma ação popular. Há possibilidade também da Comissão propor ação contra o estado perante a corte, automaticamente, quando verificar que houve violação de direitos humanos, e a mesma não foi reparada. Isso quando o Estado for signatário do tratado, essa possibilidade só se torna inviável se a maioria dos membros da comissão votar pela não propositura da ação. Outro fator importante é que apesar da vítima só conseguir peticionar através da comissão, a vítima pode participar de todas as fases processuais, e se manifestar em pé de igualdade com o Estado réu e a Corte interamericana de direitos humanos. (RAMOS, 2015).

Nas decisões da corte referente a estados contra estados, não será permitido juiz com nacionalidade do estado réu, justamente para se ter uma decisão imparcial. Em 2009 houve mudanças com o objetivo de afastar a comissão como parte autora.

A ação agora é iniciada através de um informe que a comissão encaminha para a corte, o qual não recebe o nome de petição. Neste contexto a Corte dá um caráter de defensora à comissão, um órgão auxiliar da corte e não autora da ação como referido anteriormente. Seguindo a ação processual na corte, as partes têm direito de defesa, e o procedimento é parecido com o usado no código civil Brasileiro. E então ao final da ação é dada uma sentença que pode ser positiva ou não, parcial ou total. A sentença está sujeita apenas ao recurso de interpretação, no prazo de um mês, tanto para as partes como para a própria corte, com o objetivo de retificar a decisão. (RAMOS, 2015).

Nesse sentido, a Corte vem para auxiliar os tratados e pactos que versam sobre direitos humanos, as mesmas não servem para garantir direitos, mas para julgar quando estados ou particulares violarem direitos humanos que estejam expressamente garantidos. Composta por indivíduos experientes e especialistas em direitos humanos tem a função de demonstrar decisões inteligentes e coerentes que servem de base para a jurisdição interna dos países signatários. A corte é uma forma de demonstrar que diferente do que evidenciado no decorrer da história quando indivíduos passavam por cima de outros indivíduos menos favorecidos, sendo de forma violenta, moral, independente, na atualidade, ao contrário do passado, os indivíduos violadores de direitos humanos não vão ficar impunes.

2.1.4 Pacto de Direitos Civis e Políticos e Pacto Internacional de Direitos Econômicos, sociais e culturais.

A Declaração Universal de Direitos Humanos não tinha caráter vinculante, foi nesse sentido, que logo após sua criação vários pactos e tratados foram criados, para que sua eficácia não fosse apenas internamente, mas também externamente, ocupando o arcabouço jurídico de vários países, como uma das principais normas na área dos direitos do indivíduo.

No ano de 1949, a Assembléia Geral das Nações Unidas iniciou um trabalho para criar o que seriam mais tarde o Pacto dos Direitos Civis e Políticos e o Pacto Internacional Sobre Direitos Econômicos, sociais e culturais após um longo período de atividades os pactos então ficaram prontos no ano de 1966. Mas para que os pactos tornarem-se plenamente eficazes tinha que atingir um número mínimo de ratificações dos países e isso se tornou realidade no ano de 1976. (CASADO FILHO, 2012).

O Pacto de Direitos Civis e Políticos e o Pacto Internacional de Direitos Econômico, sociais e culturais são compostos por dispositivos que estão expostos na Declaração Universal de Direitos Humanos e outros dispositivos que há complementam, tanto um como o outro foram promulgado no Brasil no ano de 1992, nos seguintes decretos n. 591 e 592. O Pacto Internacional de Direitos Econômicos, sociais e culturais determinou o respeito há vários direitos básicos para o desenvolvimento saudável do indivíduo, como direito a um trabalho digno, saúde, educação, lazer, além de muitos outros. Igualmente o Pacto de direitos civis e políticos definiram aos Estados que faziam parte do pacto que montassem um conjunto de relatórios ao Conselho dos Direitos Econômico, sociais e culturais e criou um comitê de direitos humanos que é composta por dezoito integrantes com procuração de quatro anos. (TAQUARY, 2014).

Os relatórios citados anteriormente servem como forma de controle para impedir a violação de direitos pelos estados membros dos pactos. Os relatórios serão encaminhados ao Comitê, mas antes passaram pelo Secretário-Geral das Nações Unidas. O comitê, quando achar conveniente poderá solicitar informações aos Estados suspeitos de violação das normas e regras previstas nos tratados e pactos. Após seis meses de análise das informações o comitê vai verificar a solicitação de viabilidade do pedido, e deferi-la quando constatar que todos os meios de resolução da situação foram esgotados e que o conflito ainda não tenha sido resolvido de forma pacífica. Após um ano do deferimento da violação das regras, então, o comitê se manifesta de forma a apresentar um resultado, uma solução para a situação ou tentar de uma forma harmoniosa como estado-parte buscar uma solução pacífica para tal violação. (TAQUARY, 2014).

Na busca de tornar os direitos humanos eficazes e vinculantes, são criados esses dois pactos, um com objetivo de defender e garantir vários direitos, inclusive na área social, trabalhista o qual é denominado pacto de direitos econômicos, sociais e culturais e outro para assegurar que os estados não venham violar tais direitos dispostos no pacto anterior, esse pacto então é chamado de pacto de direitos civis e políticos.

2.2 DIREITOS FUNDAMENTAIS

Se tratando de direitos humanos e direitos fundamentais, observa-se que há preponderância de confusão em suas conceituações, assim como já citado anteriormente. Usa-se a nomenclatura de um, para conceituar o outro, e assim sucessivamente como outros direitos encontrados na Constituição Brasileira (1988). É por esse motivo, que é importante fazer a distinção entre Direitos Humanos e Direitos Fundamentais.

Segundo Sarlet (2010), os Direitos humanos são direitos do homem, inerentes ao indivíduo, direito natural do homem e sua abrangência no espaço é superior aos direitos fundamentais. Enquanto direito humano é considerados externo, algo universal, os direitos fundamentais são considerados internos, ou seja, Direitos fundamentais são direitos do indivíduo dentro de um estado, dentro de uma organização pública, limitada por normas constitucionais. Neste caso, para que o Indivíduo possa garantir sua dignidade humana, inerente ao mesmo desde seu nascimento e representada pelos direitos humanos, deve se fundamentar esses direitos os tornando em direitos positivados constitucionalmente, resultando em direitos fundamentais.

Diferentemente dos direitos humanos que são considerados universais, o direito fundamental é interno e cada país tem o seu direito fundamental positivado. No Brasil os direitos fundamentais podem ser encontrados na Constituição Federal (1988), pois foi uma forma de garantir e positivar que esses direitos iriam ser observados e cumpridos (LOBATO, 1996). Para Lobato (1996, p. 06), os Direitos fundamentais estão divididos e organizados dentro da Constituição Federal (1988) em gerações; "Os direitos individuais e coletivos de primeira e segunda geração de direitos adquiriram neste final de século [...]", além dos citados ainda é exposto na Constituição Federal à terceira geração dos direitos fundamentais que é composta por vários direitos como sociais, econômicos e culturais, que foram criados em um período de conflito.

Os direitos fundamentais, além de formais conforme elucidado anteriormente, eles têm caráter material, que significa dizer que o direito não é apenas aquele positivado, mas também o direito enraizado no povo, que é derivado de conquistas de cada período histórico. Esse direito material é um direito forte que não pode ser alterado nem mesmo por uma emenda. São direitos morais e culturais das Instituições em que o indivíduo está inserido. (ANDRADE, 2007).

É possível observar que os direitos fundamentais são direitos humanos positivados internamente, para garantir aos indivíduos uma convivência livre e pacífica dentro da sociedade. Esses direitos somente são positivados devido a conquistas históricas que vamos abordar no próximo título.

2.2.1 Breve relato da História dos Direitos Fundamentais

Os direitos fundamentais são derivados dos direitos humanos, e é por esse motivo que sua história se inicia no mesmo período que a história dos direitos humanos. Os direitos fundamentais, com esta nomenclatura, somente entram em evidência no século XVIII.

Um dos primeiros direitos fundamentais a ser conquistado foi á liberdade religiosa com o evento da Reforma protestante em vários países da Europa, porém foi com o advento da positivação dos direitos e liberdades civis na Inglaterra em meados do século XVII que se iniciou o processo de criação dos direitos fundamentais que só se consagrou no ano de 1776, com a declaração de direitos do povo da Virgínia, neste momento que os direitos passaram a ser positivados e considerados constitucionais. A formalização dos direitos fundamentais se deu no ano de 1791 com a declaração de direitos à constituição e foi quando teve sua prática efetivada na suprema corte. (SARLET, 2010).

Na realidade, há dificuldades em se distinguir o período correto do surgimento de tais direitos, pois foram vários os fatos históricos que ensejaram nos direitos fundamentais, o que se pode dizer, é que os direitos surgiram um de cada vez e não todos em um só momento, como uma explosão de direitos. Conforme já citado, o primeiro direito que surgiu foi á liberdade religiosa, com a reforma protestante que defendia a interpretação da bíblia de forma individual e não somente pela igreja católica apostólica romana. Porém, anterior a liberdade religiosa temos a conquista do garantismo processual, uma espécie de direito de proteção aos indivíduos presos, que antes dessa conquista sofriam tortura e penas desproporcionais aos atos praticados. Um exemplo de abuso era o habeas corpus que apesar de já existente neste período, somente era válido para os monarcas e pessoas que tinham poder dentro da sociedade. (SAMPAIO, 2010).

O direito à propriedade surgiu na idade média no ano de 1188, e foi um dos primeiros a ser considerado direito fundamental. No mesmo período, nascia o decreto de Cúria de Leon, em seus artigos era possível notar que o ter era mais importante que o ser, determinando em seu texto que quando o devedor não tinha como pagar sua dívida seria entregue para o credor, para que o mesmo toma-se a providência que pesava ser cabível. Foi na passagem da idade média para a idade moderna que a população e principalmente os comerciantes começaram a notar a desigualdade que havia, pois poucos, os senhores tinham várias propriedades enquanto outros não tinham propriedade alguma, e este último era a maioria. Na busca pelos direitos humanos, o direito a propriedade foi concretizado, pois este que antes somente obedecia a critérios individuais passou a ter cunho humanitário, e várias pessoas passaram a ter a possibilidade de efetivar tal direito. (SAMPAIO, 2010).

Apesar de todos os momentos históricos supracitados é difícil definir em qual momento realmente tais direitos foram efetivados, o que se pode verificar são as lutas constantes para a busca dos direitos fundamentais positivados com relevância constitucional, como forma de limitar o poder do estado e de instituições privadas sobre os indivíduos menos favorecidos dentro da sociedade, garantindo direitos básicos para o desenvolvimento do mesmo de maneira saudável e construtiva.

2.2.2 Garantias fundamentais

Este título vai abordar qual a importância das garantias para o indivíduo. Fazer uma resenha simplificada de seu contexto histórico, apresentando as espécies que surgiram com o passar do tempo, com as conquistas históricas. Além de, demonstrar os benefícios que advém com essas conquistas.

Ferreira Filho (2015, p. 24-25) pensa que uma constituição sem as garantias é como se não existisse, acrescenta que no século XVIII, as mesmas tinham função essencial, assim como na atualidade. Na declaração de 1789 em um de seus artigos, é possível verificar que esta se torna indispensável à constituição. Neste contexto, para Ferreira Filho (2015), São estas fundamentais e são dividas em quatro espécies, quais são; Garantias no sentido *"amplíssimo", "amplo", "restrito" e "restritíssimo"*. No sentido "amplíssimo", também conhecido como garantias do sistema, nasceram com a constitucionalização dos direitos fundamentais que se buscou alcançar dois objetivos, um deles foi que os direitos ali incorporados fossem respeitados e cumpridos e o outro e que esses direitos não viessem a ser alterados ou excluídos.

E para que esses objetivos fossem aplicáveis houve a criação dessas garantias; Uma delas assegura a aplicação imediata dos direitos fundamentais, seu objetivo é que a norma fundamental constitucional seja aplicada imediatamente sem a necessidade de uma norma infraconstitucional que a regule. Os limites materiais impostos ao processo de reforma constitucional é outra garantia assegurada, esta impõe que a forma de alterar a constituição é rígida, ou seja, haverá normas na constituição que são imutáveis, porém existem outras que podem ser alteradas, mas devem seguir um rito formal que já está descrito na constituição (1988). A terceira diz respeito às restrições impostas à decretação do estado de exceção constitucional que visa proteger a constituição e o estado quando houver crises como, por exemplo, uma guerra. (LOBATO, 1996).

No sentido *"amplo"* também conhecido como garantias Institucionais protegem direitos subjetivos, direito das instituições tanto pública quanto privada, para que as instituições não percam seu caráter essencial. Um exemplo de instituição e a família, mas não é qualquer família, e a família considerada pelo direito civil, assim como a proteção de outras instituições existentes. (MENDES, 2015).

Em sentido *"restrito"* também chamado de garantias limite ou defesas, para que o estado não venha a interferir nos direitos alheios, usando de seu poder, ou seja, abusando de seu poder. É a defesa do cidadão impondo limites ao poder do Estado referentes a direitos como a proibição de prisão a não ser em flagrante ou com o devido processo legal, proibição da censura para proteger e resguardar o direito de expor opiniões, críticas, pensamento entre outros, direito de propriedade com isso a proibição de confisco. (FERREIRA FILHO, 2012).

No sentido *"restritíssimo"* conhecidos também como garantias instrumentais são os instrumentos que asseguram direitos fundamentais, ou seja, protegem determinados direitos jurídicos do indivíduo os instrumentos são chamados de remédios constitucionais quais são: Habeas Corpus que serve para pessoas que tenham sua liberdade restringida de forma ilegal, Mandado de segurança que é para o indivíduo buscar documentos públicos ou direitos públicos que lhe estejam sendo negados, mas no qual o cidadão tem direito. (FERREIRA FILHO, 2012)

O *habeas data* que é semelhante ao Mandado de segurança, serve para retificar, editar ou alterar dados personalíssimos do indivíduo em órgãos públicos, banco de dados, instituições de caráter público e somente pode ser proposto pelo indivíduo, existem exceções. A ação popular também fica entre o rol de remédios constitucionais assim como outras ações que visem decretar a inconstitucionalidade das normas. A ação popular é proposta por qualquer cidadão que identifique danos ao patrimônio público e o qual os responsáveis para tomar as atitudes cabíveis em tal situação fiquem inertes. (FERREIRA FILHO, 2012).

É necessário que se estabeleçam garantias dentro um Estado, pois é dessa maneira que se asseguram os direitos inalienáveis dos indivíduos, além de proteger estes de eventuais abusos desse mesmo instituto ou de outros que venham interferir na vida deste.

2.2.3 Princípios fundamentais Constitucionais

No decorrer da história a busca pela conquista de direitos foi intensa, conforme já ilustrado anteriormente. Foram anos da história, marcados por batalhas, guerras e barbáries cometidas entre os humanos, os mais fortes contra os mais fracos. Apesar de ser um momento triste na história, as conquistas aos direitos fundamentais dos indivíduos só se tornaram realidade justamente decorrentes das batalhas. Cada conflito era responsável por um direito fundamental conquistado, e foi assim que os mesmos se originaram. A positivação desses direitos em forma de princípios fundamentais é uma maneira de torná-los efetivos e não os perde-los. E são vários os princípios que estão expressos na Constituição Federal (1988).

Um dos princípios é o da Isonomia que está previsto no art. 3ª, inciso IV da Constituição Federal (1988), o qual traz em seu texto "promover o bem de todos, sem preconceitos de origem, raça, sexo, cor, idade e quaisquer outras formas de discriminação", ou seja, todos os indivíduos serão tratados igualmente sem a presença de qualquer discriminação no território brasileiro, porém sobre a influência da evolução do conceito de igualdade, tratar os iguais na medida de sua igualdade e os desiguais na medida de sua desigualdade. O princípio da Legalidade confere a cidadão o direito de não ser condenado devido a um fato que não está previsto em lei, o indivíduo só pode ser incriminado se a lei for anterior ao fato ilegal cometido pela pessoa. O princípio da Legalidade está previsto na Constituição Federal (1988), art. 5°, inciso II. (JORGE; NETO, 2013, n.p).

Jorge e Neto (2013) colocam a existência de um terceiro princípio fundamental, que é o princípio da liberdade, este garante ao indivíduo a liberdade como regra geral, e se divide em várias categorias, como liberdade de expressão, liberdade religiosa, liberdade de ir e vir entre outros, a exceção deste último, é que a liberdade pode ser restringida no caso em que o indivíduo venha a desrespeitar o que a lei determina. O princípio da Liberdade pode ser encontrado em vários incisos do art. 5ª da Constituição Federal (1988). O princípio da retroatividade relativa da lei está no inciso XXXVI art. 5ª da Constituição Federal e seu entendimento não é absoluto, é relativo, pois algumas leis quando não interferirem em direitos já adquiridos pode retroagir, assim como em algumas áreas do direito não pode haver o retrocesso da lei.

O princípio do Devido Processo Legal previsto no art. 5ª, inciso LIV, é um princípio considerado aglutinador de garantias e princípios, pois deste derivam vários outros da área criminal que vão ser conceituados no capítulo dois. O princípio do devido processo penal garante ao indivíduo que não sofra arbitrariedades por parte do juiz, pois os atos processuais devem se desenvolver como a lei prevê e também garante que nenhum indivíduo vai ser considerado culpado sem o devido processo legal. Direito de ação é o último princípio que é abordado, este prevê o acesso à justiça de qualidade para todos, e pode ser encontrado no artigo 5º, inciso XXXV da carta magna. (JORGE; NETO, 2013).

Os princípios fundamentais não podem ser desrespeitados, e estão presentes em todas as áreas que trabalham o direito da pessoa. Estes também podem ser observados em várias instituições constituídas dentro do Estado para que os direitos possam ser garantidos aos indivíduos, exemplo são os presídios, escolas, hospitais. Para que haja uma sociedade justa e com humanidade é necessário a existência de tais princípios.

2.2.4 Princípio da Dignidade da Pessoa Humana.

O princípio da dignidade humana tem sua origem e significado ligado ao mandamento religioso *"respeito ao próximo"*. Os indivíduos são iguais e devem ser tratados assim, todos com sua dignidade respeitada, sem diferenciações.

Para a moral o *"ser"* tem mais valor que o *"ter"*, objetos são objetos e pessoas devem ser respeitadas como pessoas. A conquista ao princípio da dignidade humana é antiga e sua história inicia no fim da segunda guerra mundial quando o princípio começou a estampar os principais tratados e declarações de direitos humanos. (BARROSO, 2009, p. 250-251).

A Constituição Federal (1988) adotou o princípio da dignidade humana e o utiliza como base para todo o restante dos direitos inseridos na mesma. Com a importância que têm perante o arcabouço jurídico nacional e internacional, os juristas buscam a cada dia o incorporá-lo ao meio jurídico através de decisões e doutrinas, com o objetivo de que este supra as necessidades da sociedade, de maneira racional e com controles nas decisões judiciais. É considerada uma importante evolução no decorrer da história, pois ele representa a conquista de vários direitos, por exemplo, o tratamento igualitário das pessoas sem distinção de crença, cor, classe social, a busca pela paz social, diminuição da violência contra a pessoa e a liberdade de expressão. (BARROSO, 2009)

Neste contexto, o princípio da dignidade humana é algo incorporado ao indivíduo, passando de geração para geração, e deve ser assegurado à pessoa o mínimo à sua existência, como saúde, educação, lazer, moradia, alimentação entre outros, para exigir tais direitos o indivíduo deve ter acesso à justiça. Na ótica civil se extrai o *"direito da personalidade"* que é garantido a todas as pessoas, porém, contrário ao estado e ao restante da população. Um direito privado do indivíduo, relacionado ao princípio da dignidade humana, que se divide em duas categorias: um é o direito à *"integridade física"* referente ao corpo do indivíduo e outro sobre o direito à *"Integridade moral"* evidenciando direitos à imagem do indivíduo perante a sociedade. (BARROSO, 2009, p.253-254)

O princípio da dignidade humana é importante tanto no contexto histórico quanto na atualidade para o indivíduo, pois foi com esse princípio que qualquer indivíduo independente de preconceitos, conquistou e teve direitos básicos assegurados para sua existência e desenvolvimento dentro da sociedade. Além disso, este tem papel importante na área jurisdicional, principalmente no que diz respeito a decisões judiciais que visam proteger o indivíduo de abusos sofridos pelo estado e outra instituição privada. Enfim, é um direito e um bem inerente ao indivíduo que só tende a se desenvolver positivamente na sociedade.

2.3 DIREITOS HUMANOS E DIREITO DO PRESO

Todos os seres humanos são possuidores de direitos e deveres, independentemente de raça, cor e incluindo o cidadão que tem sua liberdade restrita. Por esse motivo, a Declaração Universal dos Direitos humanos estabelece direitos básicos a todos os cidadãos, incluindo o presidiário.

É assegurada pelo arcabouço jurídico internacional uma série de direitos, dentre eles, o convívio do presidiário em atividades junto à comunidade, tendo como foco seu desenvolvimento e a ressocialização. A educação está dentre o rol de direitos assegurados ao presidiário, para que o mesmo possa ter uma visão mais ampla, esse direito lhe oferece instrumentos diferenciados à situação em que se encontra. (SAMPAIO, 2008).

Os direitos assegurados aos indivíduos restritos de sua liberdade são mínimos e essenciais para que o indivíduo, mesmo preso, não perca sua dignidade. São direitos básicos, mas necessários para sua ressocialização e para que o detento não venha a reincidir quando fora desse ambiente carcerário, mas ao contrário que busque uma nova vida, com honestidade através do trabalho digno que aprendeu dentro do presídio. E valores que devem ser adquiridos com esse período separado da sociedade e não o contrário.

2.3.1 Regras Mínimas da ONU para o Tratamento dos Presos

O Estado é responsável pelo indivíduo condenado, e a ele, quando privado de sua liberdade, deve garantir dignidade humana. A estrutura das prisões deve ser adequada, assim como os profissionais especializados para o melhor atendimento dos mesmos na medida de suas condenações e é por isso que surgem regulamentos que venham dispor deste assunto.

Como a Resolução n.1.984/47 que foi aprovada no ano de 1984 pelo Conselho Econômico e Social da ONU, acolhida no primeiro congresso das nações unidas em Genebra no ano de 1955. Esta resolução tem como objetivo apresentar regras mínimas para o tratamento dos indivíduos quando privados de sua liberdade. A primeira parte da resolução fala a respeito de como vai funcionar a administração das instituições, onde os apenados vão ficar, independentemente do regime prisional em que está inserido. A primeira regra exposta pela resolução, fala que não vai haver nenhum tipo de preconceito dentro da instituição carcerária, a resolução também define como vai ocorrer a separação dos apenados, levando em consideração o sexo, seus antecedentes criminais, idade e o motivo pelo qual foi preso e também qual a pena que lhe será aplicada. A prisão preventiva somente pode ocorrer quando houver realmente necessidade motivada, e que o indivíduo preso preventivamente deve ficar separado do restante dos presidiários sentenciados. (BATISTELA; AMARAL, 2005)

Sobre a Assistência fala se sobre cinco itens, um deles é sobre o local onde o apenado deve ficar durante sua pena, desde regime semi-aberto ao fechado, deve se considerar os itens básicos de desenvolvimento humano com dignidade. Referente à Higiene, cada presidiário deve cuidar da sua higiene e de seus objetos pessoais, porém a instituição deve fornecer os meios adequados para que isso se torne realidade. A alimentação deve ser equilibrada e adequada conforme as necessidades do preso quando estiver doente ou no caso da presidiária, quando estiver amamentando. Serão fornecidas três alimentações diárias e também uniforme limpos para os apenados. Sobre a saúde, a resolução da ONU coloca que deve haver pelo menos um médico em cada instituição carcerária e este deve fazer o tratamento dos presos preventivamente, para que os mesmos não adoeçam e também curando os que já estão enfermos. As visitas serão concedidas a familiares, esse é um direito importante para o apenado em sua ressocialização, a visita íntima também será autorizada. (BATISTELA; AMARAL, 2005).

O regulamento também dispõe sobre a Religião quando houver um número considerável de apenados que cultuam tal religião, será solicitado que um representante dessa classe efetivamente venha até a instituição para celebrar tal rito. Também serão autorizados aos apenados livro referente à religião em que freqüentam, assim como outros direitos relacionados à sua crença. A educação também está prevista nas regras mínimas da ONU, a mesma dispõe que será obrigatório pelo menos uma Biblioteca nas instituições penais, e também deve haver professores para auxiliar os apenados, não excluindo deste auxílio os voluntários, essenciais para a ressocialização dos apenados. (LEBRE; HORN, 2010).

O Trabalho dentro das instituições prisionais deve ser de ordem educativa de forma que o apenado aprenda tal profissão para quando voltar ao convívio social consiga um trabalho para ganhar sua vida honestamente. O trabalho não deve ser pesado, deve ser uma atividade produtiva para que o apenado não fique com tempo ocioso. Quando o Indivíduo privado de sua liberdade estiver prestes a cumprir sua pena, a instituição carcerária através da assistência social deve começar um trabalho de reinserção do indivíduo a sociedade, buscando um lugar para o mesmo ficar, após sair do sistema prisional, trabalho, familiares para lhe ajudar e assim sucessivamente, sempre buscando um ambiente externo propício para que o indivíduo não volte a reincidir. (LEBRE; HORN, 2010).

São asseguradas aos condenados condições mínimas de dignidade humana, e isso só é possível, pois é derivado de uma resolução internacional, que foi criada por um instituto de direitos humanos e que deve ser respeitada. A estes é garantido o direito à educação, trabalho, alimentação de qualidade, dentre outros benefícios para o bem estar do mesmo, até o devido cumprimento de sua pena.

2.3.2 Tratamento do Preso no Brasil

O Tratamento do preso no Brasil nunca foi um dos melhores, porém nestes últimos anos vêm piorando. Os presídios estão abarrotados de condenados, a estrutura é precária, e às prisões não tem cumprindo com sua real finalidade conforme o que vai ser evidenciado neste item.

O plenário finalizou há pouco a apreciação em medida cautelar em arguição de descumprimento de preceito fundamental em que se discutia o "estado de coisas inconstitucional" referente ao sistema penitenciário brasileiro. (STF, 2015)

No próprio processo, também se discute sobre a algumas providências que devem ser tomadas em relação à estrutura do sistema prisional brasileiro atualmente, devido à violação de preceitos fundamentais suportadas pelos condenados, e também referentes às ações e omissões realizadas por parte dos entes federados. (STF, 2015).

Isso tudo se deu, devido a Corte Constitucional da Colômbia determinar "estado de coisa inconstitucional", devido às diversas situações abarcadas conforme dispõe o Supremo Tribunal Federal. (2015, p. 43):

> Violação generalizada e sistêmica de direitos fundamentais; inércia ou incapacidade reiterada e persistente das autoridades públicas em modificar a conjuntura; transgressões a exigir a atuação não apenas de um órgão, mas sim de uma pluralidade de autoridades.

Através deste, solicitava-se o deferimento para que fossem apontadas aos juízes e tribunais, medidas alternativas para diminuir a população carcerária e também para que a União libera-se os valores do Fundo Penitenciário Nacional – Funpen. (STF, 2015).

O Supremo Tribunal Federal entendeu que a estrutura do sistema carcerário no Brasil não cumpre seu real objetivo em fornecer dignidade humana ao detento, mas ao contrário, com a estrutura carcerária oferecida hoje ao condenado em vez do mesmo cumprir sua pena e ser ressocializado, o detento sofre com assédio moral e à integridade física. O Supremo apontou que vários são os direitos violados, desde direitos constitucionais até tratados internacionais de direitos humanos, o sistema prisional em geral estão falidos devido a real situação em que se encontram, os detentos sofrem com a tortura, falta de higiene, estrutura precária. Essa situação compromete o real sentido da condenação e do cumprimento da pena. (STF, 2015).

A falência do sistema carcerário citada não é devido a questões financeiras, pois o mesmo possui um Fundo Penitenciário que lhe assegura seu cumprimento de maneira efetiva e digna ao apenado, a falência citada é a falência estrutural e o que interfere nessa situação e a "falta de fazer" do poder executivo. Justo o Estado, ao qual lhe foi concedido o poder de restringir a liberdade do indivíduo, quando este viola a lei, deve lhe assegurar os direitos mínimos de dignidade humana, não vem cumprindo com tal requisito. E a questão não afeta somente os presidiário, mas toda a sociedade. (STF, 2015)

Além disso, a superlotação dos presídios é um problema, pois as celas são pequenas e possui um número máximo de presidiários, este número limite não é respeitado e as celas abrigam milhares de encarcerados ultrapassando o limite dado, Isso sem contar os vários mandados de prisão em aberto. Quando os governantes são questionados a respeito, alegam não ter condições financeiras para construir estruturas com melhores condições aos detentos. Dentro desses presídios devido à falta de espaço, detentos não são separados como deveriam, e nesse caso o objetivo principal de ressocialização, recuperação do detento não é alcançado, um exemplo é a questão de detentos já sentenciados que ficam junto com presos provisórios, neste caso é possível notar o aumento da violência, dentre outros fatos negativos dentro dessas instituições. (ADORNO, 1990).

Em alguns estados, a superlotação é exorbitante ao ponto dos detentos terem que revezar o descanso por falta de camas, isso quando os mesmos não dormem no chão de cimento. A higiene das celas é precária, muitas vezes sem água para tomar banho, o resto da alimentação é atrativo para a infestação de insetos como as baratas e ratos, que acabam por transmitir doenças aos detentos, sem contar o cheiro oriundo das celas, decorrentes de água da chuva empossada e resto de alimentos jogados na encanação das celas e até mesmo pela má instalação de tais encanações. A alimentação é outro problema, pois a mesma é servida três vezes por dia, manhã é oferecido um pão e café, ao meio dia é feijão, arroz, às vezes macarrão e quase nunca um pedaço de carne, à noite a refeição e o que sobrou do meio dia. (ADORNO, 1990).

Essa refeição é oferecida por empresas terceirizadas, que são na maioria das vezes corrompidas, motivo de desvio de dinheiro e por esse motivo a alimentação e da pior qualidade, a maioria dos detentos tem doenças em decorrência da alimentação. O vestuário muitas vezes não é adequado para os ambientes ou muito quentes por falta de ventilação ou muito frios devido à umidade que geralmente se encontra nestes locais. Com tal estrutura apresentada, doenças e epidemias são constantes, além de doenças sexualmente transmissíveis, porém, a saúde fornecida nessas instituições é precária e muitas vezes não possuem equipamento, medicamento e especialistas para prevenir e tratar tais doenças. (ADORNO, 1990).

A conclusão é que as instituições carcerárias no Brasil violaram vários direitos, inclusive tratados internacionais de direitos humanos, os malefícios que isso acarreta não trazem somente resultados negativos aos presidiários, mas também para a sociedade, por exemplo, o aumento da violência, tanto dentro dos presídios como fora deles, além de outras conseqüências. A solução é buscar outras formas de sistemas prisionais menos prejudiciais para o objetivo de ressocialização e recuperar o apenado, e isso demanda força de vontade e financeiras por parte de todos os órgãos responsáveis e da sociedade em buscar tais direitos violados. Além disso, o arcabouço jurídico penal deve ser respeitado e aplicado de forma efetiva, pois o mesmo se mostra completo e não deve ficar apenas no papel, mas deve ser praticado da forma prevista, é neste sentido que o capítulo dois vai se posicionar.

3 O PROCESSO PENAL COMO ELEMENTO DE LEGITIMAÇÃO DA PENA

Neste capítulo será abordado o vínculo entre processo penal e a pena, consoante breve explanação sobre o processo penal e seus princípios, bem como a evolução da pena, seu conceito, visando à busca da efetividade destes na realidade social, de acordo com os direitos fundamentais assegurados aos indivíduos pela Constituição Federal do Brasil.

3.1 PROCESSO PENAL

O processo penal decorre do poder estatal, o *jus puniendi* do Estado deve ser aplicado a todos de modo impessoal e geral, neste sentido o Estado, por meio do judiciário avoca o poder de aplicar à pena, evitando a vingança privada. (NEGRINI, 2015).

O Código de processo penal deve ser aplicado com observância da Constituição Federal (1988), isso vai determinar a maneira do sistema penal que o país adota, como por exemplo, um país que adota uma constituição autoritária vai ter conseqüentemente um sistema penal autoritário. (LOPES JÚNIOR, 2015).

Tendo como base a Constituição Federal (1988) e os tratados e convenções de direitos humanos incorporados ao nosso ordenamento, consoante previsão do art. 5º, §3º, entre eles a Convenção Americana de Direitos Humanos (CADH), nos quais são estabelecidos limites ao poder punitivo do Estado que irão irradiar por toda a consecução penal. (LOPES JÚNIOR, 2015).

O processo penal é a fase processual do direito material, que vem a ser o previsto no código penal, neste caso, quando o indivíduo viola uma norma jurídica criminal cometendo um ato ilícito, antijurídico e culpável, inicia-se a persecução penal, que tem como a primeira fase o inquérito policial o qual poderá ser dispensado no caso de utilização de outros meios de prova, Sindicâncias, Procedimento Investigatório Criminal promovido pelo Ministério Público. (AZEVEDO, 2011)

Concluído o inquérito policial, em regra, o caderno indiciário é enviado ao Ministério Público no caso de ações públicas condicionadas a representação ou incondicionada, efetuado a análise e havendo elementos suficientes, indícios de autoria e provas de materialidade o investigado é denunciado passando a condição de réu. O juiz, por sua vez, no caso de entender preenchidos os requisitos necessários receberá a denúncia e abrirá vista à defesa para apresentar a defesa prévia, iniciando o contraditório e possibilitando ao acusado exercer seu direito a ampla defesa (AZEVEDO, 2011).

Como se pode observar este instituto, as regras do código do processo penal foram criadas para normatizar e limitar o poder de punir do estado. (NEGRINI, 2015).

Segundo Negrini (2015), o processo deve ser legitimado pelo estado, ou seja, uma punição que respeite as regras impostas pela legislação vigente, adquire dessa maneira a obrigação de fazer, sua função é garantir através deste instrumento, a proteção do acusado por meio de uma acusação formal, pautada em regras, como por exemplo, a produção de provas da acusação contra o acusado, neste caso, deve se respeitar o princípio do contraditório e da ampla defesa, oportunizado ao acusado se defender das provas produzidas nos autos pela acusação.

Para finalizar, a decisão é dada por um juiz imparcial, desvinculado com o fato e as partes, que pode ser tanto absolvição, ou em outros casos, a determinação de uma pena, quando aplicada a pena, se inicia a fase de execução que vai ser abordada no decorrer deste capítulo. (NEGRINI, 2015).

Garantidor de direitos fundamentais, tanto de acusado e acusação, assim pode ser definido o conceito de processo penal, pautado na Constituição Federal, tem a função de limitar o poder do Estado através de regras que devem ser respeitadas. Neste sentido, surgem os princípios processuais penais, para auxiliar a aplicação das normas, e também para garantir direitos aos indivíduos que venham a utilizar do processo penal, devido a estes e outros pressupostos, os princípios processuais são relevantes para aplicação do processo penal, e irão ser discorridos no próximo título deste trabalho, cada um destes princípios e suas peculiaridades.

3.1.2 Princípios processuais penais

Os princípios processuais são uma forma de limitar o poder do estado e garantir direitos aos indivíduos baseados na Constituição Federal (1988), também auxiliam na interpretação e aplicação do código de processo penal.

a) Princípio do Juiz Natural; têm por intuito estabelecer que cada caso levado ao Judiciário encontrará um juiz competente, imparcial, previamente designado pela organização Judiciária, impedindo a existência de tribunais de exceção, tribunais constituídos para julgar somente o caso, com exclusividade, não admitidos na jurisdição brasileira. (CAPEZ, 2016).

b) **Princípio Acusatório**; este princípio prevê que para o indivíduo ser acusado em um processo deve haver um Promotor natural, o qual deverá ser previamente designado, da mesma forma que o Juiz Natural. Não é um princípio que está expresso taxativamente na Carta Magna (1988), ele deriva de uma interpretação realizada sobre a mesma como um todo, (LOPES JUNIOR, 2016).

Lopes Junior (2016), ainda evidencia que conforme está previsto no CPP, o processo penal é um processo de partes, constituído por Juiz imparcial que julga, e acusação e acusado que são responsáveis pela produção de provas, neste sentido, nenhuma das partes do processo pode interferir na função do outro. A acusação é formal e segue regras expressas do CPP, pois não pode gerar dúvidas, deve ser precisa, baseada em elementos mínimos de culpa, deve ser completa não pode omitir informações, esses dados são importantes para que o juiz aceite a acusação, caso contrário este poderá a recusar, se não cumprir com os requisitos necessários.

c) **Princípio da Imparcialidade do Juiz;** Garante ao andamento do processo que haja um juiz imparcial, que não tenha contato tendencioso com as partes do processo, ou que busque contato somente com umas das partes, e não o julgue conforme seu preceito pessoal, mas pautado no arcabouço jurídico, porém, é preciso verificar que para o juiz ser imparcial este não deve sofrer nenhum tipo de coação para que tome uma decisão pautada na ética e no direito, por esse motivo ao juiz são asseguradas garantias como vitaliciedade, inamovibilidade e irredutibilidade de subsídio. (TOURINHO FILHO, 2011).

Neste mesmo sentido Tourinho Filho (2011), discorre que este princípio assegura aos indivíduos que forem acusados por ato ilícito, passar por um processo penal justo, desenvolvido para verificar se o acusado é culpado ou não, caso este venha a ser absolvido, este processo não deve acarretar prejuízos em sua vida pessoal, porém, se o indivíduo for condenado, neste caso, este deverá cumprir sua pena conforme determinado pelo juiz e de forma digna, neste cenário ao acusado, antes de vir a ser condenado ou absolvido, vai ser sempre assegurado passar por um processo onde sejam observadas suas garantias fundamentais, das quais é portador de direito.

d) Principiologia da prova; As provas são essenciais no processo penal, pois determinam a condenação ou não do indivíduo, neste contexto surge a principiologia da prova, onde as provas são necessárias para montar novamente o cenário do crime e verificar como este se concretizou desta maneira, auxiliando o juiz em sua decisão, não somente com fundamento nas provas, mas as provas são um dos instrumentos essenciais para que haja a sentença no processo. (LOPES JÚNIOR, 2016).

Neste sentido, as partes têm a função de produzir as provas, o acusador, tem o dever da produção de provas, pois é um dos meios de fundamentar sua acusação para que a mesma fique consistente, completa a respeito da outra parte. O Acusado apesar de ter a presunção de inocência, não é considerado culpado até o término do processo, porém para que este consiga sua absolvição deve produzir as provas como meio de defesa contra as acusações proferidas pela parte contrária.

e) Princípio do Contraditório e Ampla Defesa; Conforme Tourinho Filho (2011), ninguém será condenado sem antes passar pelo devido processo penal, neste contexto às partes, tanto acusado como acusação, são asseguradas todas as garantias legais, a parte acusada tem o direito de saber quem é o acusador para que possa contraditá-lo, neste caso, assegurando sua liberdade e não vindo a ser condenada, além disso, é assegurado ao acusado meios de defesa como um defensor público ou advogado particular, conforme suas condições financeiras, e a este seria denominado princípio da liberdade processual.

Tourinho filho (2011) expõe que no andamento do processo, o juiz deve citar o réu para que conteste dentro do prazo o que lhe está sendo imputado, e este deverá ser intimado de todos os atos processuais, mesmo que não venha a ser encontrado, neste caso, sendo intimado por edital, e o processo ficará suspenso até o prazo para a defesa apresentar resposta. O prazo inicia a partir do comparecimento pessoal do acusado ou de defensor constituído.

Neste instante inicia-se a fase assegurada pelo princípio da Ampla defesa, no qual o estado deve propiciar ao acusado uma defesa completa, seja ela pessoal (autodefesa), ou técnica (realizada por defensor). Outro quesito importante, é que o processo deve seguir sua ordem natural, sendo que o acusado deve sempre se manifestar por último, neste caso, dando oportunidade para este se defender das acusações realizadas, conforme os limites previstos em lei, isso vale também, para manifestações do Ministério Público, salvo algumas hipóteses, como por exemplo, contrarrazões de recurso, fora estes, é obrigatório abrir vistas ao defensor do acusado sempre que alegado algo contra este no processo. (CAPEZ, 2016).

O Pacto de San José da Costa Rica consagra o direito ao indivíduo quando este vier a ser acusado do cometimento de um ato infracional, de se defender pessoalmente, e ser representado por um defensor constituído ou nomeado, pela justiça conforme o caso, e a situação econômica deste. (CAPEZ, 2016).

f) **Princípio da Motivação;** Nota-se, que no decorrer deste título, que todas as decisões proferidas pelo juiz devem ser motivadas, isso se dá devido ao princípio da motivação, que determina que as decisões nos autos devam ser motivadas legalmente com base na lei e outros meios lícitos instrumentais anexados no decorrer da ação. (CAPEZ, 2016).

g) **Princípio da Publicidade;** Capez (2016) discorre que os atos processuais devem ser disponíveis para todas as pessoas terem acesso, esse é o chamado princípio da publicidade, que garante o acompanhamento do processo para que não haja descumprimento da lei ou abuso por parte do órgão responsável pelo julgamento do indivíduo, essa é a regra geral, porém, haverá exceção, quando a lei determinar, devido à situação, que os atos sejam sigilosos, neste caso, chamada de liberdade restrita, pode ser encontrada no artigo 5º, inciso LX, e artigo 93, inciso IX da Constituição Federal de 1988, estes artigos dispõe que a Lei poderá limitar a publicidade de determinados atos processuais, quando a defesa da intimidade ou interesse social o exigirem, neste caso, somente terá acesso aos atos processuais as partes legitimadas.

Existem vários princípios que orientam o sistema processual criminal e cada um tem uma função essencial para o desenvolvimento do processo, assegurando ao acusado meios de defesa, e ao acusador meio de acusação, sem uma parte interferir no direito da outra, estes princípios são indispensáveis para que o juiz possa chegar a uma decisão de forma imparcial e justa.

3.1.3 Sistemas Processuais Penais

No decorrer da história foram criados sistemas processuais penais para conter a criminalidade, sendo que em alguns momentos estes foram mais rígidos e até mesmo violaram direitos humanos, isso aconteceu, pois, o índice de criminalidade era alto e o estado tinha que dar uma resposta imediata à população, referente à violação dos direitos humanos, um exemplo que pode ser citado, é o período da vingança divina onde os indivíduos eram torturados e sofriam pena de morte dentre outras atrocidades, diante desse cenário surgiram os sistemas processuais penais que irão ser elucidados neste título.

a) **Sistema Acusatório:** Neste contexto, Um dos primeiros sistemas criado foi o acusatório, com influência do direito grego e com a participação do povo diretamente no julgamento dos infratores, sua principal característica era a distribuição do poder, sem concentrar em uma única pessoa, neste sistema o juiz é imparcial para presidir e julgar o processo e não deve interferir na produção de provas, pois, as partes, acusado e acusação, são responsáveis pela produção de provas e atos postulatórios, neste modelo não é permitida a interferência das partes nas funções já estabelecidas, as partes têm direito e garantias parecidas com as proporcionadas atualmente, conforme o código de processo penal. (LOPES JÚNIOR, 2015).

b) **Sistema Inquisitivo:** No século XII a XIV, o sistema acusatório começa a ser substituído por outro, o qual é chamado de sistema inquisitório, isso acontece, pois, o Estado chama para si, o que anteriormente, estava nas mãos da população, a responsabilidade de apurar, julgar e condenar indivíduos envolvidos em atos ilícitos, a igreja católica era aliada ao poder público neste período, por esse motivo que o Inquisidor, responsável por julgar, acusar e produzir provas era função geralmente dada ao sacerdote, que exercia todas essas funções sozinho e não a dividia. (LOPES JÚNIOR, 2015).

Neste caso, Lopes Junior (2015) expõe que devido ao acúmulo de funções dada ao sacerdote, este exercia um abuso de direitos sobre o acusado, o qual não tinha nem mesmo o direito de se defender de tais acusações, sofria tortura até dizer o que os sacerdotes queriam ouvir, por mais que não fossem verdadeiros os fatos, uma espécie de confissão falsa, sem contar que neste sistema predominava a privação de liberdade, como regra geral, os indivíduos eram presos para apuração dos atos criminosos e mesmo que fossem considerados inocentes, permaneciam presos.

c) **Sistema Misto:** O terceiro sistema que surgiu foi o misto e foi adotado pela primeira vez no ano de 1808, na frança, dividido em duas fases, a primeira, parecida com os procedimentos utilizados no sistema inquisitivo, pois é realizada uma investigação de forma sigilosa pelo juiz, para identificar elementos necessários à propositura da ação perante o tribunal competente, neste momento não é permitido o direito do contraditório e da ampla defesa contra os atos realizados, já em um segundo momento, é iniciado um processo conforme no sistema acusatório, onde as partes debatem perante um julgador imparcial, e nesta fase são assegurados todos os meios de defesa e acusação previstos na lei às partes do processo. (LOPES JÚNIOR, 2015).

Não existe um consenso quando se questiona qual o sistema adotado no Brasil, alguns doutrinadores dizem que é o sistema misto, pois existem na fase de investigação, no inquérito policial características do sistema inquisitivo, e na fase processual se destaca resquícios do sistema acusatório, existem autores que também defendem a ideia de que pelo código de processo penal ter nascido no ano de 1941, um período marcado pelo absolutismo, de um poder que não admitia contradição, que adotava o sistema inquisitório, o sistema atual é marcado por esse sistema autoritário, e neste cenário surge uma crítica, enfatizando que muitos dos dispositivos do Código de Processo Penal não estão em harmonia com o que está disciplinado na Constituição Federal, e com a essência do sistema acusatório, devido ao período que o Código de Processo Penal foi criado. (NEGRINI, 2015).

A conclusão ao qual chegamos é que o sistema penal adotado na atualidade traz características dos sistemas adotados no decorrer da história, e estes momentos históricos são importantes para o desenvolvimento de um sistema penal completo e eficaz, que observe os direitos e garantias dos indivíduos e não retroceda quando a questão principal for direitos humanos. Além disso, a respeito dos direitos humanos e fundamentais, temos que verificar a proporcionalidade entre o ato infracional ilícito praticado, e a pena a ser aplicada a este, para que a pena aplicada não venha a ferir direitos fundamentais do condenado quando da sua aplicação.

3.1.4 Teoria da Proporcionalidade

Neste item será apresentado um breve contexto histórico da teoria da proporcionalidade, sua origem, como este princípio era aplicado na antiguidade em consonância com a pena, qual seu conceito, os meios de como é aplicada na atualidade para que a pena atinja sua finalidade, sem ferir os direitos fundamentais.

A esfera penal é marcada no contexto histórico pela desproporcionalidade das penas aplicadas aos atos criminosos praticados, e isso perdurou por um longo período, até o momento em que foi adotado o Código de Hamurabi quando surgiu uma primeira noção de proporcionalidade, as penas então começaram a ser aplicadas em proporcionalidade ao ato praticado, a lei de Talião é um exemplo; "olho por olho, dente por dente", e essa lei, apesar de soar desumana, foi adotada por vários países da época, representando um desenvolvimento na esfera penal. (ARAÚJO, 2009).

A carta magna do ano de 1215, também pode ser usada como exemplo, isso porque a mesma previa que Condes e Barões só poderiam ser penalizados por seus iguais, e as sanções aplicadas deveriam corresponder aos atos ilegais praticados, caracterizando a proporcionalidade. (ARAÚJO, 2009).

A proporcionalidade então surge como forma de limitar o poder estatal perante o cidadão, resguardando os seus interesses pessoais na medida dos interesses públicos, na esfera penal é imprescindível observar a necessidade da privação da liberdade do indivíduo em contraste com o direito da sociedade, qual dos dois prevalece, neste contexto é possível observar que a proporcionalidade representa algo moderado que não pode apresentar excessos, porém se apresenta subjetivamente o que dificulta sua delimitação, neste caso, são criados três critérios para delimitá-la e a tornar mais objetiva, além de atingir sua finalidade, os critérios são; Necessidade, Adequação e Proporcionalidade no sentido estrito. (ARAÚJO, 2009).

Para Araújo (2009, p.293), "um meio será considerado adequado quando for considerado apto a alcançar o resultado pretendido, ou quando a utilização deste meio, se não ensejar o alcance do objetivo, ao menos fomente a sua realização". O critério de necessidade, exigibilidade traz uma idéia de cumprimento da regra, porém de forma menos gravosa possível para não prejudicar o direito fundamental, o último critério denominado proporcionalidade em sentido estrito analisa a pena aplicada em proporcionalidade com o fim que se pretende com a mesma, sempre observando os meios menos gravosos e prejudiciais aos direitos fundamentais e que as vantagens sejam maiores que os prejuízos acarretados pela sanção aplicada. (ARAÚJO, 2009).

Alexy (2008), em consonância com os elementos citados anteriormente, fala que a proporcionalidade apesar de não estar evidenciada no direito penal, é aplicada através dos princípios fundamentais, quando a norma, realizada pelo legislador, estiver em choque com um princípio fundamental deve haver por parte do julgador, no caso o juiz, uma análise de qual das duas é a mais proporcional para o caso concreto, essa análise pode ser realizada na parte de individualização da pena, na qual o juiz na fase trifásica tem a oportunidade de analisar o fato criminoso e o indivíduo para lhe aplicar a pena proporcional.

O Legislador e o Julgador, cada um na sua função, devem sempre primar pelo princípio da dignidade humana, neste contexto surge o princípio da proporcionalidade, além disso, o julgador tem um papel importante na aplicação da pena não deve se basear apenas nas normas para fundamentar suas decisões, mas em outros meios importantes, como princípios, doutrinas e na jurisprudência.

3.2 EXECUÇÃO PENAL

No presente tópico será abordado de maneira sucinta o contexto histórico, sua base teórica, objetivo principal, meios para alcançá-los, obstáculos encontrados, e quais são as entidades que podem ajudar para que a execução penal tenha sua finalidade alcançada.

Depois da segunda guerra mundial iniciam-se movimentos que trazem mudanças no comportamento do estado perante o condenado, um desses movimentos chamado de *"nova defesa social"*, ganha destaque é se baseia na teoria do autor Marc Ancel chamado de "La defesa Social", este toma proporções internacionais e é aprovado em 1954, o Programa Mínimo no Congresso de Anvers, sendo realizados vários congressos após, como o Congresso de Paris em 1971, e o Congresso de Caracas capital da Venezuela no ano de 1976, porém, seus efeitos iniciam a partir de 1985, quando é adotado efetivamente o programa mínimo, com alguns adendos na Assembléia Geral da Sociedade, organizada em Milão. (PRADO, 2013).

Prado (2013) expõe que o movimento é importante, pois evidencia que a execução não serve apenas para o indivíduo cumprir a pena, mas também como meio de introduzi-lo novamente a sociedade, e seu objetivo principal é ajudar o condenado nesta reinserção de forma pacífica, neste contexto, o estado é responsável por providenciar meios para que isso venha a se realizar de forma efetiva.

A pretensão punitiva nasce a partir do momento em que o indivíduo pratica o ato ilícito, e o Estado chama para si o dever de investigar a situação e tomar as providências cabíveis, apesar disso a sanção penal passa a cumprir seu objetivo com a execução, desta maneira, no momento em que o condenado inicia o cumprimento da pena, a execução é responsável por assegurar os direitos fundamentais inerentes ao indivíduo, que não são alcançados pela sentença, se estes direitos forem violados podem acarretar em reincidência que contraria o objetivo da execução, por esse motivo que a execução deve seguir um patamar humanitário, para que o condenado consiga evoluir através de estímulos positivos durante esse período que está cumprindo sua pena. (PRADO, 2013).

Neste cenário, são assegurados ao condenado direitos básicos inerentes ao indivíduo que estão previstos na constituição federal, como por exemplo, acesso a saúde, ao bem estar e a própria vida, dentre outros, direitos estes que não contrariem a finalidade punitiva. (MARCÃO, 2012).

Outro requisito importante é a cooperação e assistência da comunidade aos presídios, e outras medidas adotadas para atingir a finalidade da execução penal evitando a reincidência, como por exemplo, a assistência religiosa, além de entidades não governamentais, que auxiliam através cursos profissionalizantes disponibilizados aos condenados, e assim sucessivamente com outras atividades realizadas dentro deste sistema. (MARCÃO, 2012).

A execução é uma fase importante no processo penal, seu objetivo principal é assegurar os direitos fundamentais dos indivíduos condenados, além de auxiliá-los a ter uma vida regrada após o cumprimento da pena, o Estado e a sociedade são responsáveis por conceder os meios cabíveis para que a execução consiga atingir sua finalidade, ou seja, é um trabalho conjunto, onde cada um tem uma função essencial para que o condenado após o cumprimento da pena não venha a reincidir e consiga uma vida melhor.

3.2.1 Origem da pena

Neste item vai ser abordado o surgimento da pena, evidenciando fases importantes de seu desenvolvimento na história, desde o princípio quando as mesmas eram aplicadas de forma exagerada, se comparado ao ato praticado pelo indivíduo, até a sua conclusão onde tanto réu como autor tem seus direitos assegurados com o advento da criação do processo penal.

Segundo Bitencourt (2016), a criminalidade é considerada normal na atualidade, a conclusão de inúmeros estudos é de que, onde houver convívio entre pessoas em uma sociedade, haverá violência. A violência serve principalmente como uma fase de renovação da sociedade e deve existir, porém, é necessário haver um controle sobre esta situação, e quando os meios empregados perante tais violações não são os suficientes, surge então o direito penal o qual tenta suprimir os conflitos ou resolver situações já concretizadas perante o ato do homem, o direito penal pode ser definido como um conjunto de normas e princípios que servem para limitar os atos dos indivíduos, os sujeitado a regras, que se violadas podem acarretar em sanções.

O desenvolvimento do processo penal está intimamente ligado com o desenvolvimento da pena no decorrer da história, neste contexto é importante evidenciar três fases históricas da pena chamadas de vingança divina, vingança privada e a vingança pública. (BITENCOURT, 2011).

A vingança divina era caracterizada pela falta de racionalidade na prática penal, as penas eram baseadas em superstições religiosas e aplicadas por sacerdotes da igreja, quando o indivíduo fazia algo de ilícito a população entendia que se não fosse punido os Deuses determinavam catástrofes naturais como forma de punir o indivíduo e todo o restante da população. (BITENCOURT, 2011).

Em um segundo momento, temos a criação da vingança privada que se iniciou com a composição da autotutela, ou seja, as punições eram aplicadas para saciar interesses privados, e não existiam juízes imparciais, o indivíduo que era afetado podia resolver o dano sofrido com suas próprias mãos, e essa era sua principal característica.

Refira-se ainda, que a pena podia abranger não somente o condenado, mas todo o grupo em que este indivíduo estava inserido, neste período houve um grande massacre de pessoas, resultando na segunda fase marcada pela frase *"olho por o-lho, dente por dente",* a pena não poderia passar da pessoa do indivíduo criminoso, somente a ele deveria ser aplicada, neste período o direito penal material começou a ser criado, pois as normas criadas passaram a ser cumpridas. (BITENCOURT, 2011).

A terceira fase da vingança privada foi chamada de composição, e foi à fase em que a vítima poderia optar pela aplicação do castigo físico ou a compra da liberdade do criminoso, o tornando seu escravo. (LOPES, 2014).

E para finalizar temos a Vingança Pública, que surgiu com o aumento do poder estatal, nessa fase o estado chama para si a obrigação de punir os indivíduos violadores das normas criadas pelo próprio instituto, é criada a figura do juiz imparcial, assumindo a função que antes era da população, a qual é julgar e punir devidamente os autores dos crimes nasce então o Processo penal que serve de estrutura para a fase de julgamento do indivíduo, respeitando as normas e princípios criados pelo Estado, e tornando o juiz imparcial, inovando da forma até então adotada. (LOPES, 2014).

Porém, nas sociedades mais antigas o processo penal somente foi reconhecido após o século XVIII, até esse período a prisão não era meio de cumprimento de pena, mas sim uma forma de custódia até o momento em que o indivíduo fosse a julgamento, e após o julgamento este sofria com castigos físicos, e até mesmo a morte. (BITENCOURT, 1993).

Para Masson (2011), o Estado com seu sistema inquisitivo e através do seu poder, inicialmente na fase da vingança pública, cometeu atrocidades comparadas, e muitas vezes piores do que aquela cometida pela população nas fases anteriores, e isto aconteceu, pois, o estado queria fazer com que a população teme-se sua instituição, conhecido como aspecto preventivo da pena, ou seja, tivesse medo do que Estado era capaz de fazer com quem o contrariasse, e por esse motivo usava do condenado como forma de exemplo, e perante este praticava várias atrocidades, como por exemplo, a decapitação, forca, castigos corporais, todos praticados na frente da população, para que assim, o restante destes não viesse também a contrariar as regras impostas pelo Estado.

Neste contexto, por volta do século XVIII a XIX, o Estado perdeu esse condão coercitivo de aplicação de sanções, devido ao surgimento das ideias Iluministas, a população iniciou uma jornada de batalhas em busca pelos seus direitos, e pela humanização das penas, nesse instante, que surgiu o sistema acusatório que diferente do anterior, garantia direitos as duas partes do processo, tanto réu como autor, tratando-os com igualdade. Neste cenário, a pena de prisão se tornou a principal pena aplicada neste período. (LOPES, 2014).

As penas existem há muito tempo no contexto histórico, porém as mesmas sofreram alterações para aprimorar esse procedimento, isto porque nem sempre foram garantidos os direitos as partes envolvidas, o criminoso sempre foi a parte mais prejudicada, pois apesar deste ter que pagar pelo ato ilegal cometido, as penas aplicadas eram exageradas, e muitas vezes ultrapassavam o teor do ato praticado, essa situação só começou a mudar após a população buscar a igualdade entre as partes, e um processo justo e garantidor de direitos aos envolvidos, dessa maneira, nasceu o Processo penal, um instrumento para auxiliar o Estado na aplicação da pena mais justa e sem abuso de direito.

3.2.2 Tipos de pena

As penas são aplicadas em forma de sanção e determinadas pelo juiz quando um indivíduo é condenado por praticar determinado delito, neste contexto, é necessário analisar quais os tipos de penas são permitidas em nosso ordenamento jurídico, conceito e modo de execução, os regimes aplicados, período de tempo entre outros.

A Constituição Federal elenca quais são os tipos de penas que podem ser adotadas no Brasil, porém o Código Penal adota somente três são elas; as privativas de liberdade; as restritivas de direito e a de multa.

a) **Privativas de Liberdade:** esta se divide em reclusão e detenção, e restringem a liberdade do indivíduo. A reclusão é a medida adotada quando o crime é mais grave, como por exemplo, crime de estupro, homicídios dentre outros, a detenção, porém, vai ser adotada nos crimes considerados menos graves como, por exemplo, crimes contra a honra, lesão corporal leve e outros, o Juiz no momento do julgamento pode determinar se o condenado vai poder iniciar a pena no regime fechado, semiaberto, e pode se transformar no decorrer do cumprimento da pena em fechado, no caso do condenado cometer alguma falta grave durante esse período. (GONÇALVES, 2015).

No primeiro regime, também é possível o juiz determinar a cassação dos poderes familiares caso o delito tenha sido contra seus próprios filhos, no último, porém, pode ser adotada em casos extremos e não de imediato conforme no regime anterior, o condenado no regime de prisão simples não pode ficar junto com o restante dos apenados e sua pena deve ser cumprida em estabelecimento apropriado para tal, ainda nessa modalidade quando a pena não for superior a quinze dias é facultado atividade profissional. (GONÇALVES, 2015).

b) **Restritiva de Direito:** para Flores e Lopes (2015), as penas restritivas de direito substituem as penas privativas de liberdade, quando autorizado por lei, ou seja, o juiz vai determinar a sentença condenatória com pena privativa de liberdade, após essa decisão, será substituída por restritiva de direito. Para que haja essa substituição da pena privativa de liberdade, por restritiva de direitos, o magistrado deve ater-se aos requisitos do artigo 44 do Código Penal (1940):

Art. 44. As penas restritivas de direitos são autônomas e substituem as privativas de liberdade, quando:
I – aplicada pena privativa de liberdade não superior a quatro anos e o crime não for cometido com violência ou grave ameaça à pessoa ou, qualquer que seja a pena aplicada, se o crime for culposo;
II – o réu não for reincidente em crime doloso;
III – a culpabilidade, os antecedentes, a conduta social e a personalidade do condenado, bem como os motivos e as circunstâncias indicarem que essa substituição seja suficiente.

As penas restritivas de direito dividem-se;

1. Prestação pecuniária: é o pagamento de um valor mensal determinado pelo juiz que não pode ultrapassar trezentos e sessenta salários mínimos, pagos à vítima ou seus dependentes, ou em alguns casos ainda, para instituição pública ou particular dependendo do caso concreto, porém se a pena tiver cunho reparatório, pode ser determinado à perda de bens, e o seu valor vai ser destinado ao fundo penitenciário Nacional e terá como teto o valor dos prejuízos causados à vítima, e o valor obtido de lucro decorrente de tal crime. (FLORES; LOPES, 2015).

2. Prestação de serviços a comunidade: será aplicada quando a pena for superior a seis meses, o condenado vai prestar de forma não onerosa, preferivelmente uma hora por dia, para não interferir na sua jornada de trabalho normal, este serviço vai ser prestado em escolas, hospitais entre outros, e serão realizados serviços gerais, como pinturas, reparos mais leves na estrutura, dentre outros, a carga horária pode ser diferente conforme as condições do condenado e a determinação da justiça. (FLORES; LOPES, 2015).

3. Interdição Temporária de direitos: baseada no crime praticado, por exemplo, o indivíduo que infringe a lei de trânsito pode ter sua Carteira Nacional de Habilitação - CNH suspensa por um período, e essa penalidade vai durar o tempo que a jurisdição determinar para a pena normal que foi substituída por esta, e assim sucessivamente, como a proibição de realizar concursos públicos, freqüentar determinados lugares, exercer atividade em cargo, função pública ou mandato eletivo e assim por diante, e para finalizar as penas restritivas de direito temos a limitação de final de semana que vai determinar que o condenado passe cinco horas de cada dia em casa de albergado, ou em outro estabelecimento que tenha um fim educativo. (FLORES; LOPES, 2015).

c) Pena de Multa: Conforme Flores e Lopes (2015), a pena de multa está prevista em lei como pena principal, porém, esta se divide em três, são elas; *Alterna-*

tiva quando em vez de aplicar a pena privativa de liberdade, o legislador determina alternativamente que pode ser aplicada a pena de multa em seu lugar, com a expressão "ou multa" prevista na parte especial do Código Penal, *Substitutiva* nos casos em que a lei determinar que esta substitua a pena privativa de liberdade, conforme artigo 44, § 2ª do CP, ou *Cumulativa* quando tanto a pena de multa e a pena privativa de liberdade forem aplicadas juntas, conforme previsão legal. O valor da multa, porém, será limitado pela lei, e seu valor total será encaminhado ao fundo penitenciário ou outro lugar distinto em que a lei especial determinar.

A determinação da pena é uma fase importante no processo devendo observar os critérios do artigo 59 do Código penal, pois esta muda totalmente a vida e rotina do condenado, por um determinado período, e caso mal aplicada pode causar prejuízos ao condenado, e não atingir sua finalidade, conforme já elucidado, as penas são devidamente organizadas para serem aplicadas conforme a situação encontrada, por esse motivo quando o juiz julga o indivíduo ele deve analisar com cuidado qual das penas determinadas por lei deve ser aplicada ao caso concreto, sempre sendo imparcial.

3.2.3 Finalidade da Pena

Fazendo uma breve explanação histórica sobre as penas, as mesmas não foram desde o princípio, privativa de liberdade, anterior a este sistema, as penas eram aplicadas através de tortura, na atualidade visando algo mais humanitário estas evoluíram e não podem mais ser aplicadas sem antes passar pelo devido processo penal e sem a lei determinar, a pena é aplicada conforme o disposto na jurisdição pertinente.

A respeito da finalidade da pena, há várias teorias que dispõe neste sentido, e estas estão baseadas em experimentos científicos, porém deve prevalecer a teoria preventiva, para que os indivíduos não cometam atos ilícitos, e nos casos onde a pena tem que ser aplicada esta deve ser proporcional aos atos praticados, para que não traga conseqüências negativas tanto para o infrator como para a sociedade como um todo, neste sentido, passo a explanar cada teoria com suas peculiaridades. (GOMES, 2014).

a) Teoria Retributiva: A teoria retributiva da pena, também conhecida como teoria absoluta, determina que o indivíduo que pratica o crime deve sofrer o mesmo mal que causou com a pena retribuída a ele, essa teoria não tem fim ressocializador, sua finalidade é retribuir ao condenado o mesmo mal que ele causou à sociedade quando resolveu praticar o crime. (NERY, 2008).

b) **Teoria Preventiva:** Nery (2008), ainda expõe que ao contrário, existe a Teoria Preventiva da pena que pode ser chamada de teoria relativa, essa se divide em duas, Teoria Preventiva especial e Teoria Preventiva Geral, esta última tem dois objetivos com a pena, um é que com a aplicação e execução da pena sobre o indivíduo que cometeu o ato ilícito, venha a intimidar outros indivíduos para que não pratiquem a mesma, e o outro objetivo é reafirmar a eficiência que o poder jurisdicional tem sobre a sociedade nestes casos. A Teoria preventiva especial tem o fim de ressocialização do condenado, ela pode ser dividida em positiva quando atinge esse fim com a pena, ou seja, acabando neste caso com a reincidência, ou negativa quando restringe o indivíduo novamente de sua liberdade para que não venha a praticar novos delitos.

c) **Teoria Mista:** ou Unificadora, é responsável por unir as teorias já mencionadas, para que forme esta, a teoria mista afirma que as teorias citadas são um complexo que dizem respeito a uma única finalidade da pena, porém não conseguem solucionar os problemas encontrados na sociedade, por esse motivo é necessário se criar uma teoria mais plural e menos formalista, mas que atinja seu real objetivo, teoria esta que entra novamente na idéia de retribuição, porque se divide em três fases, a primeira quando é criada é tem finalidade de prevenção, a segunda quando aplicada assume a característica de retribuição pelo ato ilícito praticado e a última quando executada, assume o papel de prevenção especial conforme já citado. (BISCAIA; SOUZA, 2005)

d) **Teoria da Prevenção Integral:** A última teoria a ser explanada, é a teoria da prevenção integral, essa teoria busca a exclusão do modelo retributivo, que possa causar um mal ainda maior ao indivíduo condenado, e busca tirar das teorias de prevenção especial e geral, pontos positivos para que a mesma possa reafirmá-los, como forma de criar uma teoria de finalidade da pena, buscando sua prevenção justa e pacífica para o indivíduo condenado. (NERY, 2008).

e) **Teoria Agnóstica:** É contrária a todas as teorias anteriores citadas, segundo essa teoria a pena tem o mesmo sentido que a guerra, pois são símbolos de dor e de violência. Para que a pena seja aplicada é necessário, no âmbito democrático, o estado impor limites na aplicação desta, caso contrário a mesma é aplicada sem haver racionalidade alguma. (CARVALHO, 2007).

Neste contexto, os direitos penais e processuais penal surgem para minimizar a aplicação da pena sobre o individuo pelo Estado, e abandona o conceito das teorias anteriores de ressocialização, o que se busca com a pena é a diminuição dos danos sofridos pelo condenado, desde o início do processo até o momento em que a pena começa a ser executada. (CARVALHO, 2007).

Com isso, a minimização das arbitrariedades é imposta através de fatores da política, pois a pena é reconhecida como fenômeno da política. O plano de diminuição de danos decorrente da aplicação da pena observa todas as fases de sua individualização através de requisitos expostos na constituição federal, como proporcionalidade, proibição de excessos, e para finalizar a razoabilidade. (CARVALHO, 2007).

Permitindo ao individuo cumprir sua pena, sem arbitrariedades cometidas por autoridades, sem violência e descumprimento de direitos fundamentais, porém limitando o poder jurisdicional e das vítimas sobre a aplicação da pena ao condenado, pautada na aplicação de pena justa conforme determinação do Estado. (CARVALHO, 2007).

Dessa maneira, é possível concluir que cada teoria contribui de alguma maneira para atingir a finalidade da pena. Em um primeiro momento busca-se que o condenado não volte à reincidência e possa conviver de forma pacífica em meio à sociedade. No segundo momento, busca-se diminuir os danos ocasionados com a aplicação da pena.

3.3 RESSOCIALIZAÇÃO E REINCIDÊNCIA

A ressocialização e a reincidência andam juntas por esse motivo neste título vamos abordá-las de forma concomitante, como a ressocialização surgiu, seu contexto social, se há resultados positivos. Referente a reincidência resultado da anterior, pesquisas acerca da atual situação carcerária no país e sua eficácia.

A ressocialização pode ser conceituada como sendo a resposta contrária ao sistema retributivo, que visava punir o indivíduo com o mesmo teor do seu ato criminoso, no século XIX quando a prisão se tornou a principal sanção, havia a convicção de que a prisão por si só tinha o fim ressocializador por ser mais humanitária que as anteriores e seria eficaz para que o indivíduo fosse reeducado para viver em sociedade sem voltar a praticar novos delitos. (ANJOS, 2009).

Porém, esse entendimento não perdurou, e a conclusão que temos na atualidade é que não há ressocialização com o sistema adotado, o que é possível verificar é um problema grave que assola tal sistema, isto porque, o mesmo está abarrotado de encarcerados, a infraestrutura é precária, e os valores repassados para manter este sistema são irrisórios, e diante dos problemas expostos fica difícil o apenado sair desse sistema com algo positivo. (BITENCOURT, 2011).

Neste contexto, verifica-se que a privação de liberdade adotada hoje não é eficaz, e com isso surgem duas premissas para fundamentar a situação encontrada, a primeira questiona como o indivíduo vai se ressocializar em um ambiente fictício, onde o sistema carcerário composto por indivíduos anti-sociais vai encontrar outro indivíduo anti-social, torna-se mais fácil se ressocializar um indivíduo fora do sistema adotado do que dentro dele, neste caso, a conclusão radical onde se pode chegar é que a solução para o problema abordado é a exclusão desse sistema por completo. (BITENCOURT, 2011).

A segunda premissa a ser analisada trata de como o sistema de privação de liberdade é ineficaz tanto no Brasil, como em outros países, e os problemas levantados são os mesmos, a falta de infraestrutura, número de detentos elevado, tortura, abusos sexuais praticados principalmente contra apenados mais jovens, violência, uso de drogas, falta de atenção do Estado para com o sistema adotado, escassez de investimento e muitos outros problemas, que assolam tal sistema e lhe atribui a ineficácia perante ressocialização dos indivíduos que ali se encontram. (BITENCOURT, 2011).

E o resultado deste contexto carcerário não poderia ser diferente, conforme pesquisas realizadas em 2008 pela Comissão Parlamentar de Inquérito - CPI, o número de reincidência dos detentos no sistema carcerário adotado, varia de 70% a 80% dependendo da unidade da federação (UF), essa pesquisa foi baseada em dados fornecidos pelos presídios, e não houve outra pesquisa para analisar a veracidade destes, apesar disso, a conclusão conforme já exposto é que este sistema padrão não traz respostas positivas, perante este resultado deve-se buscar alternativas que sejam eficazes. (IPEA, 2015).

Além desta pesquisa, houve outras realizadas, em anos anteriores, distinguindo as espécies de reincidência, uma delas produzida por Adorno e Bordini (1989 apud IPEA, 2015), em São Paulo durante os anos 1974 e 1976, analisava os indivíduos que foram sentenciados e libertados, neste período, chegando ao total de 252 indivíduos do gênero masculino. Neste contexto, analisando o reincidente penitenciário, que é quando o indivíduo que já havia cumprindo sua pena, porém devido a novos delitos, voltam pela segunda vez a este sistema. Chegando a taxa de reincidência de 46,03%.

Em outro estudo realizado por Adorno e Bordini (1991 apud IPEA, 2015), agora tendo como foco principal somente os indivíduos condenados na justiça criminal paulista, e trabalhando a reincidência criminal, que é aquela que está prevista no código de penal de 1940, com algumas alterações da Lei n. 6.416/1977 e a Lei de Contravenção Penal do ano de 1941, chegou-se a taxa de reincidência de 29,34%.

Lemgruber (1999 apud IPEA, 2015), no ano de 1988 realizou outra pesquisa, porém semelhante à primeira pesquisa realizada por Adorno e Bordini. O estudo foi realizado no Departamento do sistema penitenciário do Rio de Janeiro (Desipe), e envolveu 8.269 condenados em regime fechado do gênero masculino, e 251 do gênero feminino, representando nesta época 5% da população carcerária carioca, por meio de instrumentos de pesquisa a taxa de reincidência encontrada foi de 30,7%, variando de 31,3% para homens e 26% para mulheres.

Para Kahn (2001 apud IPEA, 2015), que realizou os estudos baseado na reincidência penal no estado de São Paulo se verificou uma variação no decorrer dos períodos, nesta taxa de reincidência, que era de 50% em 1994, diminuiu para 45,2% em 1995, porém aumentou para 47% no ano de 1996.

O Depen, porém, analisa em sua pesquisa a reincidência prisional, como forma de cálculo de porcentagem, nesta é verificado se os indivíduos recolhidos aos sistemas prisionais, durante o ano já tem passagem neste, independente de ser provisórios ou condenados, trazendo em junho de 2008 a porcentagem de 43,12% evidenciando que no início daquele ano, os indivíduos que passaram por ali eram réus primários, apenas com uma condenação, 23,87% eram primários, ou seja, com mais de uma condenação e 33,01% eram reincidentes. Esses dados podem ser revistos conforme apresentado na tabela abaixo. (IPEA, 2015).

Autor	Título	Conceito de reincidência utilizado na pesquisa	Taxa de reincidência
Sérgio Adorno; Eliana Bordini	*A Prisão sob a Ótica de seus Protagonistas: itinerário de uma pesquisa.*	Reincidência criminal – mais de um crime, condenação em dois deles, independentemente dos cinco anos.	São Paulo: 29,34%.
Sérgio Adorno; Eliana Bordini	*Reincidência e Reincidentes Penitenciários em São Paulo (1974-1985).*	Reincidência penitenciária – reingresso no sistema penitenciário para cumprir pena ou medida de segurança.	São Paulo: 46,3%.
Julita Lemgruber	*Reincidência e Reincidentes Penitenciários no Sistema Penal do Estado do Rio de Janeiro.*	Reincidência penitenciária – reingresso no sistema penitenciário para cumprir pena ou medida de segurança. Segundo a autora: "compreende reincidente penitenciário como quem tendo cumprido (tal) pena ou (tal) medida de segurança, veio a ser novamente recolhido a estabelecimento penal para cumprir nova pena ou medida de segurança" (Lemgruber, 1989, p. 45).	Rio de Janeiro: 30,7%.
Túlio Kahn	Além das Grades: radiografia e alternativas ao sistema prisional.	Reincidência penal – nova condenação, mas não necessariamente para cumprimento de pena de prisão. Segundo Kahn, pode-se assumir que nos casos de crimes mais graves os conceitos de reincidência penal e reincidência penitenciária medem basicamente as mesmas coisas, uma vez que crimes graves quase sempre são punidos com prisão.	São Paulo: 50%, em 1994; 45,2%, em 1995; 47%, em 1996; na década de 1970, a taxa não passou de 32%.
Depen	Dados de 2001 para Brasil e de 2006 para Minas Gerais, Alagoas, Pernambuco e Rio de Janeiro.	Reincidência penitenciária – considerando presos condenados e provisórios com passagem anterior no sistema prisional.	Brasil: 70%; e Minas Gerais, Alagoas, Pernambuco e Rio de

Quadro 1: Principais pesquisas nacionais sobre reincidência
Fonte: Pesquisa Ipea/CNJ (2013).

O objetivo central das prisões é a ressocialização do indivíduo condenado, mas o que se percebe, e perdura por muitos anos, é que este objetivo não vem sendo alcançado, conforme evidenciado no quadro exposto, pois há diversos empecilhos, como abordado no decorrer deste título, por esse motivo é necessário que o estado e a população tomem medidas de emergência, para mudar a situação encontrada no sistema carcerário brasileiro, desde já, pois além de não cumprir sua finalidade, vários direitos fundamentais estão sendo violados.

3.3.1 Dados importantes referentes às prisões brasileiras

Neste título, vamos destacar em números, dados importantes referentes às prisões brasileiras, número de indivíduos restritos de sua liberdade, as espécies de custos com este sistema, quais os tipos de indivíduos que compõem essa massa carcerária, e neste ponto evidenciando o perfil dos condenados, a etnia que prevalece, grau de ensino dentre outros.

O valor para manter um indivíduo preso é alto em qualquer lugar do mundo, porém, este custo se torna ainda mais elevado em países desenvolvidos ou em desenvolvimento, como é o caso do Brasil, ao contrário dos países subdesenvolvidos, a prioridade de investimentos em nosso país é em fatores que geram o crescimento econômico, como por exemplo, a saúde, educação, dentre outros. (GECAP-USP, 2014).

O custo ao qual nos referimos é o custo de manter um indivíduo preso e o valor investido em infra-estrutura para acomodar este, os custos variam dependendo de cada região, modalidade de prisão e gênero dos indivíduos, porém, estima-se em geral cada preso custa R$ 1.500,00 (mil e quinhentos) reais. (GECAP-USP, 2014).

Os custos mencionados são custos chamados de ponderáveis da prisionalização, ou seja, porque estão ligados diretamente com alimentação, água, luz, infraestrutura, porém, existem também os custos conhecidos como imponderáveis da prisionalização, estes são assim conhecidos, devido aos efeitos da situação em que os apenados encontram-se, isto porque as prisões tornam os reeducandos mais violentos, como pode ser verificado pelo alto número de indivíduos reincidentes, porém, o último custo citado não tem um valor estimado, pois este somente é sabido após os fatos ocorrerem. (GECAP-USP, 2014).

Um exemplo que pode ser citado é quando o indivíduo sai em livramento condicional, sendo que tem dívidas com os grupos que estão dentro da prisão e que lhe asseguraram segurança enquanto estava encarcerado, pois neste momento de aprisionamento o estado fica ausente e os apenados se juntam para cometer ilícitos, o indivíduo posto em liberdade provisória recebe ordens de dentro do presídio solicitando que realize um assalto, e este o atende, porém, devido a um tiro efetuado pelo criminoso a vítima acaba ficando paraplégica, e neste contexto o Estado é responsável e deve pagar os danos sofridos pela vítima, este seria um exemplo do gasto imponderável da prisionalização, é necessário verificar que estes custos não podem

ser comparados com investimento, pois os anteriormente citados, não trazem benefícios para a sociedade e sem contar que as prisões não têm programas de ressocialização relevantes para a recuperação destes indivíduos. (GECAP-USP, 2014).

Outro dado importante é a respeito do número de indivíduos que se encontram privados de sua liberdade, este número só tende a aumentar isso porque nossa
população carcerária já ultrapassou a marca de seiscentos mil encarcerados, e este
número é quase sete vezes mais do que no ano de 1990, o crescimento da massa
carcerária em alguns momentos chega a ser maior do que o aumento da população
no país, se a massa carcerária continuar aumentando em 2022 haverá mais de um
milhão de pessoas restritas de sua liberdade, ou seja, aprisionadas, em 2075 a cada
dez pessoas uma vai estar presa, na tabela abaixo é possível verificar o aumento da
população carcerário no decorrer dos anos; (DEPEN, 2014).

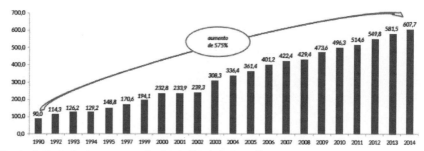

Quadro 2: Evolução das pessoas privadas de liberdade (em mil)
Fonte: Ministério da Justiça – a partir de 2005, dados do Infopen/MJ

Sem contar que muitas vezes, sem condições de alojar estes condenados, os
mesmos são mantidos em estruturas provisórias que não atendem aos direitos básicos que devem ser assegurados a todos os indivíduos nesta situação. (DEPEN,
2014).

Em relação ao perfil dos indivíduos presos, nota se em um primeiro momento
que a massa carcerária é composta por maioria de indivíduos jovens entre 18 a 24
anos, outro quesito importante é a questão da etnia dos apenados em que 67% são
negros e 31% são brancos, fica evidente neste caso a preponderância de apenados
negros em comparação com os brancos. (DEPEN, 2014).

A educação também prepondera quando o assunto é prisão, temos neste
quesito que a maior fatia de indivíduos encarcerados, ou seja, 53% não terminaram
nem mesmo o ensino fundamental, enquanto na sociedade comum 32% dos cida-

dãos concluíram o ensino médio, na área prisional 8% dos indivíduos conseguiram
terminá-lo, este número aumenta para 14% nas prisões femininas. (DEPEN, 2014).

É necessário buscar meios para modificar a situação do sistema carcerário
adotado hoje no País, é assustador o número de indivíduos com privação de liberdade e o gasto que o Estado tem para mantê-los e que por mais que esse valor seja
alto, encontramos vários presídios no Brasil em situações desumanas devido à infraestrutura precária. Outro dado importante é referente ao perfil dos indivíduos, o que
se nota é que são indivíduos sem educação, que não tiveram condições de continuar seus estudos, devido a várias situações que os impede, como falta de condições
financeiras, o preconceito, dentre outros, percebe-se que a massa carcerária é composta pelos indivíduos menos favorecidos dentro da sociedade.

3.3.2 Infraestrutura dos Presídios no Brasil

A infraestrutura dos presídios brasileiros é algo que vem se destacando na
atualidade, devido à situação precária em que se encontram, e a falta de fazer do
Estado.

Segundo a história, o problema relacionado com a infraestrutura dos presídios
já é antigo, e somente se agrava no decorrer do tempo, no período do império,
quando a responsabilidade a respeito dos presídios era dos municípios, São Paulo
não tinha nem mesmo local para deixar os aprisionados, então os deixava em locais
de internação sem estrutura alguma, pois neste período a finalidade da prisão era
manter o condenado longe da sociedade. A superlotação já era um problema nesta
época, e depois disso, a situação só piorou em relação aos presídios brasileiros, e
isto está relacionado com o grande número de encarcerados e a falta de políticas
públicas para mudar este cenário. (MALUF; SANCHEZ, 2014).

Como foi tratado no capítulo anterior deste trabalho, os apenados têm assegurado direitos humanos e fundamentais, como direito a dignidade humana que é
assegurada a qualquer indivíduo, porém, há muito tempo esses direitos são violados, falta saúde, alimentação, higiene, sem contar a superlotação dos presídios dentre outros, e nenhuma atitude é tomada, pois a população acredita que o presídio é o
local onde o indivíduo deve ficar para não cometer outros atos ilícitos dentro da sociedade, pensamento este ultrapassado, pois hoje a finalidade da pena é a ressociali-

zação, e neste ponto, o Estado deve assegurar ao condenado o mínimo de dignidade humana dentro destes estabelecimentos prisionais. (MALUF; SANCHEZ, 2014).

Atualmente o sistema prisional está em crise, e não adianta a população acreditar que a solução para terminar com a criminalidade seja a prisão, pois conforme dados passados anteriormente o número de encarcerados é muito alto, estruturas que tem vaga para trezentos presos, hoje abrigam quinhentos em situações totalmente desumanas o que favorece a reincidência, e o indivíduo que não teve nem chance dentro da sociedade de ser um cidadão de boa índole, tem menos chances ainda dentro da estrutura que lhe é concedida quando restrito de sua liberdade, é por esse motivo que é preciso uma mudança urgente no sistema carcerário adotado. Uma opção seria a implantação de projetos como a Associação de Proteção e Assistência aos Condenados – APAC, que tem demonstrado resultados positivos nesta área e será tratada no próximo capítulo deste trabalho. (MALUF; SANCHEZ, 2014).

A falta de investimento e atenção para a infraestrutura nos presídios brasileiros é algo que assusta, os mesmos estão abarrotados de encarcerados que não tem o mínimo de dignidade humana assegurada, o Estado e a Sociedade são responsáveis por esta situação, o Estado por falta de políticas públicas e a sociedade que não percebe que os presídios não são locais de armazenamento de indivíduos que não servem mais para o convívio em sociedade, mas ao contrário, são locais que tem como finalidade a ressocialização, e se uma atitude não for tomada cada dia mais vai aumentar a população carcerária, com isso a reincidência e a violência aumentam também.

4 SISTEMAS PRISIONAIS ALTERNATIVOS E O MÉTODO APAC

Neste capítulo serão abordados métodos de execução penal alternativos, quais os benefícios que estes trazem para o sistema prisional na atualidade, com o intuito de evidenciar o método prisional diferenciado conhecido como Associação de Proteção e Assistência aos Condenados – APAC, falando sobre seu desenvolvimento no decorrer da história, quais as pessoas que foram responsáveis pela sua criação, além disso, no que se refere à APAC, vamos falar sobre os fundamentos que a estruturam, e também sobre os resultados alcançados com esse método prisional diferenciado no Brasil e no mundo.

4.1 MÉTODOS ALTERNATIVOS PARA A RECUPERAÇÃO DO INDIVÍDUO

Considerando a crise de valores que passa o sistema de execução penal pátrio, em especial pela falha na recuperação e ressocialização do indivíduo, têm sido adotados sistemas alternativos visando solucionar esta problemática.

4.1.1 Missão Ebenézer

O Sistema de Recuperação Missão Ebenézer, foi criado no ano de 1981, e é administrado por um Pastor chamado Reinaldo Pagani, localizada na cidade de Sinop no estado de Mato Grosso, esta instituição não tem fins lucrativos e se mantém através de doações que recebe da população em geral, a entidade não cobra pelo tratamento dado ao recuperando, e também não usa nenhum tipo de medicamento, a mesma é pautada em um regimento interno, que prevê regras aos recuperandos, determinando os horários para as atividades a serem elaboradas. (MONTREZOL; PRADO, 2008).

A sua finalidade é recuperar mulheres que se encontram em dependência química, através de valores básicos, como religião, família, disciplina, amor, profissionalização, dentre outros, que venha a auxiliar a inclusão na sociedade, registrando índice de 70% de recuperação. (MONTREZOL; PRADO, 2008).

O tratamento na Missão Ebenezer tem o período de duração de nove meses, sendo dividido em duas fases, na primeira, o recuperando tem auxílio espiritual e participam de palestras, instruções. Além disso, realiza atividades básicas, como por exemplo, organizar o ambiente onde se encontra confecção de artesanato, essas atividades além de instruir no aprendizado do recuperando servem como uma terapia para este. (MONTREZOL; PRADO, 2008).

Na segunda fase, a mulher começa a ser preparada para voltar ao convívio social, através de aulas, cursos profissionalizantes, palestras entre outros, efetuam tratamento a respeito de traumas que enfrentam devido à dependência química, e após esse período de recuperação voltam para o convívio social que é considerado a terceira fase do tratamento. (MONTREZOL; PRADO, 2008).

4.1.2 Parcerias Públicas Privadas – PPPs

As Parcerias Públicas Privadas - PPPs são empresas terceirizadas contratadas para construir e manter o sistema prisional durante um período de tempo, como por exemplo, na cidade de Belo - Horizonte, no complexo Prisional Público Privado de Ribeirão das Neves, construído em 2013 pela iniciativa privada. (GIRÃO; CASSIMIRO, 2014).

Diferencia-se pela estrutura do estabelecimento, tratamento digno aos detentos e aos seus familiares, possui sistema de câmeras para cada três detentos e profissionais habilitados para a segurança do local (GIRÃO; CASSIMIRO, 2014).

Os presos, neste sistema, trabalham e podem receber até dois mil reais de salário por mês de acordo com seu trabalho, este salário é dividido em três parcelas, uma delas de 50% é repassada para o Estado de Minas Gerais, 25% é repassado para a família do preso, e os outros 25% é depositado em uma conta ao condenado, no qual este só vai receber esse valor, quando cumprir integralmente sua pena, sem contar a remição da pena que lhe é atribuída conforme o número de dias trabalhados. (GIRÃO; CASSIMIRO, 2014).

A Empresa que mantém este sistema é responsável em fornecer acompanhamento de psicólogos, médicos, educadores, dentre outros profissionais, para auxiliar na recuperação do indivíduo segregado. (GIRÃO; CASSIMIRO, 2014).

Neste cenário, a diferença de custos entre o sistema padrão adotados e este, são mínimas, enquanto o gasto no sistema privado é de 2.300.00 a 2.700,00 para

61

cada preso, o sistema público gasta em média 2.000,00 a 2.300,00, porém o anterior fornece direito e garantias ao condenado, como por exemplo, dignidade humana, e condições para sua ressocialização. (GIRÃO; CASSIMIRO, 2014).

Denota-se que há alternativas para melhorar o sistema prisional brasileiro, propiciando benefícios aos recuperando e priorizando o bem estar de seus familiares demonstrando perspectivas de mudanças positivas no sistema prisional brasileiro

4.1.3 Benefícios dos sistemas alternativos

Há uma falha no sistema prisional brasileiro porque diferente do previsto na Lei de Execução Penal, em muitos casos a estrutura é precária, não tem capacidade para a quantidade de indivíduos aprisionados, o que causa a superlotação, não tem auxílio à saúde, higiene deixa a desejar, e a alimentação é escassa dentre outros problemas, e neste cenário os aprisionados acabam se revoltando com a situação em que se encontram causando rebeliões, mortes e outros malefícios não somente para o aprisionado, mas para toda a sociedade, que fica esperando ilusoriamente a saída de um ser "ressocializado". (MENDONÇA, 2008).

Os sistemas alternativos proporcionam ao condenado oportunidade de se re-cuperar e voltar para a sociedade ressocializado, haja vista que o condenado cum-pre sua pena da maneira mais humana e eficaz para ele e para a sociedade como um todo. (MENDONÇA, 2008).

Um dos principais fatores que diferenciam os sistemas prisionais é a reinci-dência, enquanto no sistema penitenciário padrão é de 70%, nos sistemas alternati-vos, o número diminui para 7%. (JULIO; SILVA, 2014).

Quanto ao trabalho realizado pelos condenados dentro dos presídios, en-quanto no sistema padrão os condenados são comparados com escravos, no siste-ma alternativo, estes recebem benefícios em dinheiro, que ajudam eles tanto em se manter dentro deste sistema, assim como fora deste, e suas famílias. (JULIO; SIL-VA, 2014).

A implantação destes meios alternativos auxilia a diminuir a violência, pois os indivíduos não têm tempo ocioso e estão aprendendo para auxiliar na sua vida fora do sistema prisional, e também acarreta ao estado um número bem inferior aos gas-tos com condenados, pois estes se mantêm dentro do sistema prisional alternativo, sem contar que nos presídios alternativos, a alimentação, saúde, higiene, organiza-

ção e outros itens básicos, que estão na Lei de execução penal são cumpridos. (JU-
LIO; SILVA, 2014).

Neste contexto, os sistemas prisionais alternativos, trazem inúmeros benefícios não só para o condenado, mas também para suas famílias e sociedade em geral.

4.2 HISTÓRIA DA APAC

Neste título vão ser abordados, como se deu o surgimento da instituição de-
nominada Associação de Proteção e Assistência e aos Condenados - APAC, quais
foram as figuras principais na instituição desta, e também quais os motivos que in-
fluenciaram a construção deste sistema.

Em 1972 surge na cidade de São José dos Campos, no estado de São Paulo,
a APAC, sua finalidade era pautada na religião e a na valorização humana, auxiliando na recuperação do condenado para seu retorno ao convívio social, sua sigla era;
"Amando o próximo Amarás a Cristo", com o passar do tempo, o judiciário e o setor
de execução penal adotaram este sistema, foi neste momento que sua sigla foi alte-
rada, conforme a legislação. No ano de 1974 passou a ter o seguinte significado;
"Associação de Proteção e Assistência aos Condenados" (COUTINHO, 2009).

O Projeto APAC foi desenvolvido por Mário Ottoboni Junior, formado em direito e jornalismo, quando questionado a respeito da criação da Associação de Proteção e assistência aos condenados, este explica que foi uma missão que Deus lhe
deu, que depois de uma experiência religiosa vivida por ele, tomou a decisão de ajudar estes indivíduos com a criação da APAC neste contexto, no mesmo ano e cidade, Mário iniciou um trabalho com indivíduos restritos de sua liberdade no presídio
de Humaitá, e esse trabalho de auxílio aos indivíduos, só foi possível graças a voluntários cristãos que se dispuseram a lhe ajudar em seu projeto. (LIRA JUNIOR, 2009).

Outro motivo que levou Mário a ter esta iniciativa, foi uma visita a penitenciária de Humaitá, onde verificou a situação desumana em que os indivíduos se encon-
travam naquela estrutura, esta foi realizada logo após de uma reunião espiritual que
Mário participou, e neste contexto solicitou ao Delegado uma autorização para conhecer tal estrutura, e após fazer a referente visita Mário, verificou que a estrutura

física do local estava totalmente depredada, além disso, os aprisionados sofriam maus tratos e humilhação, um local sem estimativa alguma de recuperação. (MAS-SOLA, 2005).

Os voluntários sem conhecimento e nem mesmo experiência em lidar com indivíduos nesta situação, foram se inserindo no projeto e aos poucos e com calma, tudo foi se encaixando, e o trabalho foi evoluindo, até chegar a um momento que os próprios voluntários agora chamados de Pastoral Penitenciária, no ano de 1974, chegaram à conclusão de que era necessária uma entidade jurídica para que o auxílio dado naquele presídio realmente fosse eficaz, e tivesse uma base forte para ajudar os condenados, neste cenário, o magistrado, Dr. Silvio Marques Neto, que na época fazia parte da execução penal, junto com os voluntários e Mario, instituíram a APAC. (LIRA JUNIOR, 2009).

Em junho do ano de 1974, Mário Ottoboni Junior e o Juiz da Vara de Execução Criminal, Silvio Marques Netto, converteram a APAC em uma ONG, e neste cenário devido a Constituição Federal de 1967 não permitir que a Pastoral Penitenciária, conforme era conhecida a APAC naquele período, gerenciasse a Execução Penal de um Estado, devido a questão da religião não interferir nas decisões do Estado, como um todo, a razão social de sua sigla então foi adequada para Associação de Proteção e Assistência aos Condenados – APAC, porém com os mesmos objetivos da anterior, esta se tornou uma entidade civil de direito privado, sendo formalizada pelo judiciário no ano de 1975. (ORDÓNEZ VARGAS, 2009).

Baseada em doze fundamentos e sem fins lucrativos, a APAC auxilia os recuperandos por meio de voluntários, destruindo críticas e construído esperança, ultrapassando barreiras, em vários estados do Brasil, e vários países no exterior. (LIRA JUNIOR, 2009).

Após inúmeros obstáculos vencidos, a APAC é atualmente um modelo de sistema carcerário, considerado extremamente eficaz mundialmente, na APAC os condenados são chamados de recuperandos, e estes devem ter disciplina e organização dentro da instituição, em contrapartida, são tratados com dignidade e respeito, o que dificilmente se encontra em outros sistemas prisionais. (MASSOLA, 2005).

Conforme evidenciado, a ideia de auxiliar os indivíduos restritos de sua liberdade surgiu a partir de um momento de reflexão religiosa que Mário, o idealizador deste sistema teve, e foi em pequenos passos que este foi conquistando novos seguidores, chamados de voluntários, que o auxiliaram em seu projeto, até o momento em que este teve o reconhecimento que necessitava do judiciário, o qual levou o seu projeto a ser realmente eficaz e reconhecido não somente no Brasil, mas no mundo inteiro, e assim como o reconhecimento, este já foi implantado em vários estados do Brasil e países, e segue cumprindo seu objetivo de ressocialização do indivíduo.

4.2.1 Associação de Proteção e Assistência aos Condenados – APAC

Inicialmente iremos apresentar breve explanação sobre o que é essa instituição, do que consiste esta e quais os benefícios aos condenados, e a sociedade em geral.

A associação de Proteção e Assistência aos Condenados – APAC é uma entidade civil de direito privado com personalidade jurídica, pautada no Código Civil e na Lei de Execução penal, Lei 7.210 de, 11 de julho de 1984, sem fins lucrativos, e seu principal objetivo é a recuperação e reintegração à sociedade do condenado em regime de pena privativa de liberdade, a lei de execução penal prevê em seu artigo 4ª, que além do Estado, a sociedade deve cooperar para a recuperação do apenado. (ARRUDA; OSS; MACIEL, 2015).

APAC nasce com o propósito de recuperar o condenado, e lhe oferecer uma vida digna fora da instituição. (ARRUDA; OSS; MACIEL, 2015).

A associação está pautada em doze fundamentos que a organizam, e outros requisitos como a ordem, disciplina, religião dentre outros, estes servem para buscar cumprir o objetivo anteriormente citado, que é a recuperação do indivíduo e a valorização pautada na humanização deste. Este projeto pode ser aplicado em unidades comuns ou também em estruturas próprias, como os chamados Centros de Reintegração Social (CRS), neste contexto, interessante observar algumas diferenças encontradas no sistema APAC, em relação ao sistema comum adotado, e que servem como metodologia para atingir ao fim esperado pela associação. (PASTI; LIMA, 2014).

No sistema APAC, a estrutura é toda organizada pelos próprios recuperandos e voluntários, profissionais em áreas diversas, que os auxiliam em quesitos essenciais como saúde, ensino profissionalizante, religião, educação, dentre outros. Nesta estrutura não há presença de agentes armados, e quem cuida das chaves dos portões são os próprios recuperandos, estes cuidam de sua higiene pessoal e da organização de seus dormitórios, não usam uniforme e devem sempre se apresentar devidamente limpos e com boa aparência, para se identificar usam crachás. (PASTI; LIMA, 2014).

A alimentação é feita pelos próprios aprisionados, e estes podem usar talheres e pratos de vidro, o que não é comum encontrar em um sistema prisional padrão, nas paredes da instituição é possível observar o uso de frases motivacionais, e também religiosas, que dão um ar de positividade e esperança à estrutura, os recuperando trabalham dentro deste sistema e com o dinheiro que recebem, fruto de seu trabalho é que se mantêm dentro da APAC, além de auxiliar suas famílias. (PASTI; LIMA, 2014).

Antes de o condenado entrar na APAC, este passa por um treinamento, após é encaminhado para instituição onde vai cumprir sua pena, a instituição é administrada por voluntários, e pelos aprisionados. Cada indivíduo incluído na APAC possui seu prontuário, onde fica registrado como está sendo seu comportamento dentro da instituição, caso possuir bom comportamento, ganha pontos que servem para adquirir o certificado de líder e modelo da instituição, e no caso de possuir mau comportamento, será registrado em seu prontuário, e não terá direito, durante 90 dias do atestado de boa conduta, e se isso acontecer sucessivamente, o recuperando pode ser encaminhado para o sistema prisional padrão. (NUNES, 2013).

As APACS estão distribuídas em várias unidades no Brasil e no mundo, sendo considerada revolucionária e eficiente isso se deve a vários fatores, como por exemplo, a ausência de agentes armados na instituição APAC, a necessidade de cuidados recíprocos, inclusive com a responsabilidade de cuidar das chaves das celas. O índice de reincidência neste sistema chega a 15%, enquanto em um sistema prisional é quase o triplo desse número, sem contar a assistência à saúde. (SOARES, 2011).

A APAC é um lugar onde o recuperando é tratado com dignidade, é chamado pelo nome, recebe a visita de seus familiares em um lugar agradável, usa talheres em suas refeições, dentre outros detalhes, que são importantes quando o quesito é valorização humana e a recuperação dos indivíduos, pequenos detalhes, que fazem diferença na vida destes, que tem a consciência do mal que fez para a comunidade em que estava inserido e a si mesmo, e está naquela instituição para cumprir sua pena, mas também, para sair recuperado, com expectativa de uma vida digna, pautada em valores que aprendeu dentro da APAC, capacitados profissionalmente para sustentar suas famílias.

4.3 OS 12 FUNDAMENTOS QUE DÃO BASE A APAC

A APAC é estruturada por 12 fundamentos essenciais para que o indivíduo reconheça a si mesmo, e que possibilitem sua recuperação, e sua ressocialização de maneira que consiga alcançar seus objetivos dentro da moral e dos bons costumes, os quais serão tratados de forma individualizada.

4.3.1 **Participação da comunidade**

A Lei de Execução Penal prevê o auxílio da sociedade no cumprimento da pena, neste cenário a APAC somente pode ser idealizada se houver a participação da comunidade organizada, pois é incumbência da comunidade introduzir o sistema prisional dentro da sociedade, e a esta cabe buscar meios para aperfeiçoar este sistema, por esse motivo, quando a APAC é implantada, cabe a esta desenvolver eventos, seminários e estudos referentes a este modelo de sistema prisional, para mobilizar e sensibilizar a comunidade neste sentido. (CAMPOS, 2011).

A participação da comunidade é um dos fundamentos basilares do sistema, a participação de voluntários para auxiliar na recuperação do indivíduo, pois neste sistema, não há outro pretexto para ajudar esses indivíduos, se não à vontade de vê-los bem, ou seja, o amor pelo próximo, recuperando se sente mais à vontade, e apoiado na sua recuperação, diferente do sistema padrão utilizado, onde existem agentes prisionais e policiais, no sistema APAC, os recuperandos têm o auxílio de voluntários que acreditam na sua recuperação. (GURGEL, 2008).

4.3.2 **O recuperando ajudando recuperando**

Existem voluntários dentro deste sistema, que ajudam os recuperados a entender que eles devem ajudar-se uns aos outros, como por exemplo, auxiliar o recuperando mais idoso, e também fazê-los entender que se recuperar não é apenas deixar de fazer o mal, mas uma série de outros fatores, que vão torná-los pessoas idôneas. Devido a estes fatores os recuperandos aprendem a conviver em harmonia, e a respeitar o seu semelhante, criando um ambiente propício para a recuperação destes. (CAMPOS, 2011).

Nas celas da APAC, há um representante dos próprios recuperandos que os auxiliam na organização, e disciplina, buscando um ambiente de qualidade e com mais segurança para os indivíduos que se encontram neste sistema prisional, neste cenário, foi criada uma organização chamada de Conselho de Sinceridade e Solidariedade – CSS, composta por recuperandos, esta auxilia na administração do sistema APAC, porém não tem poder de decisão, mas auxilia fiscalizando e opinando nas necessidades dos condenados dentro do sistema APAC. (GURGEL, 2008).

4.3.3 Trabalho

O artigo 28, da Lei de execução penal, assegura o trabalho no sistema prisional, conforme a predisposição do apenado, porém, Gurgel (2008) fala que somente o trabalho não recupera o indivíduo, além do trabalho devem existir outros meios laborativos e fundamentos para que haja a recuperação do indivíduo, este deve se sentir valorizado, e aprender a gostar de si mesmo e reconhecer seus semelhantes, neste sentido, o sistema APAC separa os tipos de atividade a serem exercidos pelos recuperandos, de acordo com o regime da pena que este deve cumprir, e o tipo de crime que este cometeu.

No regime fechado recomenda a elaboração de atividades baseada no trabalho laborterápicos, que são atividade como artesanato, música, dentre outros, porém, no regime semiaberto, se o recuperando não tem uma atividade profissional objetivada, é a fase para este buscar se especializar em uma área, através de cursos e até mesmo graduação, conforme seu objetivo, e para finalizar, o regime aberto, neste sentido esse é o momento para o recuperando demonstrar que tem aptidões em alguma profissão, e pode desfrutar deste, caso este último necessite de auxílio mesmo fora do sistema APAC, ele vai receber. (CAMPOS, 2011).

4.3.4 Assistência Jurídica

No sistema prisional 95% de sua população carcerária não têm condições alguma de contratar um defensor particular para lhe auxiliar e tirar suas dúvidas á respeito da pena que este deve cumprir, neste contexto, a ansiedade referente á situação em que o apenado se encontra só aumenta, pois este só começa a entender os benefícios que lhe são assegurados por Lei quando se inicia o cumprimento da pena. O recuperando inicia uma fase de preocupação com seu processo, para saber quanto tempo resta para cumprir sua pena. Na APAC há assistência judiciária dentro do sistema prisional, mas somente para aqueles que aceitam viver neste sistema e demonstram aproveitamento. (TJMG, 2011).

A assistência judiciária dentro da APAC é desenvolvida por voluntários, como por exemplo, advogados e estagiários em direito, que acompanham o processo de execução da pena de cada recuperando, isto acontece para garantir o tempo que o apenado deve ficar cumprindo determinado regime e também, referente a benefícios que os familiares devem receber como no caso do auxílio reclusão, por exemplo, dentre outros detalhes, que são valiosos ao recuperando durante o cumprimento de sua pena, e que muitas vezes fica em haver por parte do estado, pois os poucos advogados que fazem parte da defensoria pública não tem condições de analisar os processos, devido ao número exorbitante de atendidos, assim como o Ministério Público e o judiciário. (SILVA, 2007).

4.3.5 Assistência à Saúde

O indivíduo exposto ao sistema prisional passa por várias alterações em sua saúde, e geralmente para pior, devido à pressão que este enfrenta quando é preso, são inúmeras doenças, desde psicológicas e até físicas, que impossibilitam o indivíduo de se recuperar, por esse motivo no sistema APAC, existem voluntários na área da saúde que auxiliam os recuperandos de forma preventiva, ou seja, auxiliando estes para que não venham adoecer dentro desta instituição, lhe propiciando um ambiente saudável para a busca da ressocialização de forma efetiva. (SILVA, 2007).

São voluntários que dão assistência à saúde em vários setores, como área psicológica, odontológica, dentre outros, de forma efetiva, pois estes são voluntários dedicados a causa. Interessante observar que esta assistência é um fator importante na recuperação do indivíduo, pois sem esta é gerado um clima insuportável, violento que pode resultar em rebeliões, fugas, em situações irreversíveis, neste ponto, é importante levar a sério a assistência à saúde para atingir o objetivo da recuperação do indivíduo. (TJMG, 2011).

Há também uma preocupação referente à dependência química, pois segundo a Organização Mundial de Saúde – OMS, esta é considerada uma doença física, psíquica e espiritual, neste cenário é necessário uma equipe técnica especial para tratar os recuperandos. A equipe técnica, neste caso, é composta por educadores, assistente social, psicólogos, médicos, além de outros voluntários, e também da participação da família, que se torna fundamental e relevante para a recuperação do indivíduo, devido à dependência química. (PRATTA; SANTOS, 2009).

4.3.6 Valorização Humana

No sistema APAC, além da busca pela humanização do recuperando, almeja-se inserir no sistema seus familiares, os voluntários buscam propor atividades aos recuperandos, que demonstram o reconhecimento de si mesmo e sua valorização, assim como dos seus semelhantes. (SILVA, 2007).

Neste contexto, demonstrando aos recuperandos que eles têm o seu valor, e que estes devem lutar pelos seus ideais, auxiliando seu retorno ao convívio social vendo seu próximo com mais humanidade. (SILVA, 2007).

Desse modo, são realizadas reuniões dentro das celas para recuperar a auto-imagem do aprisionado, demonstrando que ele não é pior do que ninguém, e pode ser feliz assim como os outros, dessa maneira a educação e o estudo são pontos trabalhados na APAC, referente à valorização humana. (TJMG, 2011).

São realizados eventos como concursos, gincanas, para resgatar valores dos recuperados, ou até mesmo aprender novos valores. Outro ponto relevante é a estrutura física do sistema prisional em que o recuperando se encontra, pois através de coisas que nós consideramos simples, como o uso de talheres nas refeições, para os recuperando é mais um fator relevante para sua valorização. (TJMG, 2011).

4.3.7 Religião

Segundo Costa (2012), não é somente a religião que recupera o indivíduo, mas uma série de fatores que juntos transformam o homem, neste sentido a religião é um dos fundamentos da APAC que deve ser observado, a religião deve estar presente neste sistema, de forma ética e sem preconceitos, deve ser apresentado uma variedade de crenças para que o recuperando possa escolher com qual tem mais afinidade, o importante é que este tenha contato com a religião, principalmente para entender que não está sozinho, e que se cometeu algo de errado, é porque faltava a presença dessa esperança em um ser poderoso, e que neste instante lhe ajuda na sua recuperação, não apenas momentânea, mas que perdure pelo resto de sua vida.

São fornecidos a esta instituição, material religioso, como livros, bíblias, dentre outros, para os recuperandos que se interessarem, pois na APAC não é obrigatório ao indivíduo participar de eventos que envolvam a religião, é uma opção que está prevista na Lei de execução penal e é disponibilizada aos indivíduos que tiverem interesse neste quesito, favorecendo neste sentido, sua recuperação de forma plena. (HEMÉTRIO et al. 2012).

4.3.8 Família

A família é um dos fatores mais importantes e o que leva muitas vezes o indivíduo a praticar o ato ilícito, isso porque a maioria destas famílias é desestruturada e não costumam preservar valores, como por exemplo, moral, ética, cultura, educação dentre outros, que são importantes no desenvolvimento do indivíduo, neste contexto este acaba se envolvendo em atos ilícitos. (SILVA JUNIOR, 2013).

Na APAC essas famílias são tratadas de modo diferente, pois, esta é muito importante na recuperação do indivíduo, as famílias são chamadas para ser voluntárias no sistema, e também a participar de cursos de capacitação referentes à valorização humana, além disso, as famílias são preparadas para lidar com o recuperando tanto dentro da APAC, quanto fora desta, a fase fora da instituição vai ser umas das fases mais importantes da recuperação, pois é a fase de interação com a sociedade, porém enquanto o recuperando estiver dentro desta, a mesma também prioriza o contato com os familiares, por este motivo são disponibilizados contatos telefônicos e a presença dos familiares em todas as datas comemorativas, como natais, páscoas, dia das crianças, dentre outras. (COSTA, 2012).

Também são disponibilizadas visitas íntimas aos encarcerados, porém somente aos casados no civil ou em união estável comprovadas, têm essa possibilidade, esses quesitos são importantes para que não haja uma banalização referente a estes encontros dentro da APAC. As visitas são realizadas de uma forma que os cônjuges ou companheiros, sejam preservados, por esse motivo a companheira que vem ter a visita íntima com o recuperando não é vista pelo restante dos recuperandos, além disso, são realizados cursos e capacitações de orientação aos casais referentes a estes encontros, são disponibilizadas vacinas e outros meios para evitar as doenças sexualmente transmissíveis. (SILVA JUNIOR, 2013).

Há também na APAC, de forma mais tímida o auxílio às famílias das vítimas, realizado por voluntários religiosos e leigos que auxiliam neste departamento. (SIL-VA JUNIOR, 2013).

4.3.9 O trabalho voluntário e sua capacitação

Conforme evidenciado nesta monografia, o trabalho realizado dentro da A-PAC é todo desempenhado por voluntários, pois a APAC é baseada na gratuidade, com exceção do setor de administração, que neste caso recebem um valor para e-xercer essa atividade profissional, porém, o restante presta serviços de voluntariado, este trabalho é muito importante para a recuperação do condenado, isto porque demonstra aos recuperandos que os voluntários estão trabalhando em prol da causa porque realmente se interessam e acreditam na recuperação do condenado. (SILVA JUNIOR, 2013).

Os voluntários trabalham envolvidos pelo amor ao próximo, que foi um dos ensinamentos de Deus, através das palavras que estão evidenciadas na Bíblia, porém estes voluntários não devem fazer apologia a este Deus, e á nenhuma outra religião, deve manter-se a autonomia para que o recuperando escolha qual a crença que pretende seguir. (SILVA JUNIOR, 2013).

Neste contexto, os voluntários são capacitados durante um período de tempo, para aprender a lidar com os indivíduos que se encontram nessa estrutura, outro ponto importante, é a ajuda financeira que a APAC recebe de empresários voluntários que fazem parte da comunidade onde a instituição está inserida, esse auxílio é bem vindo, pois a APAC passa por inúmeras dificuldades financeiras e, além disso, a instituição não faz apenas o bem para os que se encontram neste local, mas também para toda a sociedade e deve ser mantida. (COSTA, 2012).

Importante salientar ainda, a figura dos casais padrinhos, pois conforme foi exposto anteriormente, muito dos recuperandos não teve onde se espelhar durante seu desenvolvimento, e este aspecto é importante, os pais e a presença de Deus são figuras que não devem ficar ausentes na recuperação do indivíduo, e em caso contrário, surgem os casais padrinhos, escolhidos através de sorteios para suprir esta ausência, é que se tornam imprescindíveis na recuperação do condenado. (COSTA, 2012).

4.3.10 Os Centros de Reintegração Social

Referente à estrutura física da APAC, neste sistema a estrutura tem grande importância para a recuperação do indivíduo restrito de sua liberdade, neste contexto se prioriza a higiene, a boa aparência dos cômodos, organização, dentre outros fatores que são importantes, e que não existem em sistemas prisionais convencionais, onde mesmo sendo novos, acabam sendo depredados pelos encarcerados, isso porque não há uma preparação destes para que preservem o local, sem contar que na APAC, a entrada dos recuperando é fiscalizada, para que não haja um excesso de indivíduos, causando sua superlotação, ou até mesmo confusões, como nos outros sistemas carcerários são verificados. (SILVA, 2011).

Neste cenário, a APAC entende que é necessário que haja uma estrutura de qualidade para que os recuperandos possam ser preparados para serem reinseridos na sociedade, de forma positiva, e sem reincidência, é por este motivo que a APAC juntou todos os regimes do cumprimento das penas privativas de liberdade, sendo estes o regime fechado, semiaberto e aberto em uma única estrutura, chamando-o de Centro de Reintegração Social, neste centro há três pavilhões, cada um para um regime de pena diferente, mesmo sendo na mesma localidade, estes pavilhões são autônomos e cada um presta ao recuperando os serviços que lhe são necessários para sua recuperação, como por exemplo, refeitórios, salas de aula, bibliotecas, sala para visitas íntimas, área profissionalizantes e de lazer, ambulatórios, capela, dentre outros setores, porém, cada um destes adequado para o regime que o recuperando vier a cumprir, e perto de seus familiares, amigos, dentre outros que favoreçam na recuperação do indivíduo condenado. (MUNIZ NETO, 2011).

Ao contrário dos sistemas prisionais padrões que visam à centralização da estrutura dos presídios, construindo estruturas imensas, e de segurança máxima nas capitais ou locais próximos, o sistema APAC visa à descentralização, trazendo o indivíduo para cumprir sua pena em instituições de pequeno porte e com uma segurança mínima, perto de seus familiares e amigos facilitando em sua recuperação e municipalizando a instituição, além disso, os órgãos responsáveis por estas instituições ficam próximas do local onde o recuperando se encontra cumprindo sua pena, facilitando a reivindicação de informações e benefícios pelos familiares deste, sem contar que quando o recuperando cumprir sua pena e sair da APAC pode contar com o apoio de seus familiares, amigos que estão próximos, neste caso impedindo que o recuperando se afaste de seu núcleo familiar. (VARGAS, 2011).

Os investimentos em unidades prisionais menores como a APAC traz inúmeros benefícios, como por exemplo, o atendimento a saúde de forma mais imediata e eficaz aos recuperandos, impede a entrada de substâncias ilegais dentro da instituição, impede a mobilização de indivíduos para formar quadrilhas devido ao pequeno número de recuperandos que é admitida nas unidades, enfim, possibilita tanto ao recuperando quanto ao restante dos indivíduos, que participam no processo de recuperação, que esta seja realizada em um ambiente saudável. Além disso, o gasto financeiro é consideravelmente menor na construção das APACS, se comparado com o gasto exorbitante para construir uma estrutura do sistema prisional padrão, isso acaba motivando o Estado a colaborar financeiramente com a construção de mais unidades da APAC. (VARGAS, 2011).

A estrutura da APAC é uma estrutura aconchegante, que permite ao recuperando cumprir sua pena de forma digna, ao contrário do sistema padrão onde não há higiene e nem mesmo conforto, na APAC as celas são destinadas há um número mínimo de detentos, e são coletivas, pois entende esta instituição que a recuperação do indivíduo deve acontecer em conjunto e não isoladamente, a eles é proporcionada a cama, uma para cada um, construída em concreto é individualizada para estes guardar seus pertences de forma organizada, há um banheiro por cela, porém este é separado dos quartos por paredes e uma porta, o que não acontece nas prisões comuns, porém estes devem manter assim como suas celas, toda a estrutura com muita higiene. Outro aspecto importante é que os apenados fazem suas refeições em uma mesa, todos reunidos e lhe és disponibilizado talheres e pratos, e também alimentação de qualidade, nos presídios padrões os apenados comem muitas vezes em suas celas, em marmitas ou em sacolas plásticas, uma alimentação estragada, e considerada de péssima qualidade por estes. (VARGAS, 2011).

4.3.11 Mérito

A respeito do mérito, no sistema APAC este deve ser analisado, pois é responsável para que o recuperando ganhe benefícios no cumprimento de sua pena, e neste contexto criando expectativas ao recuperando de novamente voltar ao convívio social através da progressão dos regimes, neste ponto a análise desse mérito tanto na APAC, como no sistema carcerário é realizado por uma equipe chamada de Comitês técnicos de classificação – CTCs, formada por assistentes sociais, técnicos da saúde dentre outros, que vão verificar através de prontuários individuais dos recuperando como está sendo o desenvolvimento da recuperação deste, e também para verificar se é possível este progredir de regime. (MUNIZ NETO, 2011).

Na APAC, além destes serem analisados pelo CTCs, ainda são analisados com mais rigor pelo Conselho de Sinceridade e Solidariedade - CSSs, composto pelos próprios recuperando, que tem como objetivo a sua reinserção na sociedade de forma efetiva, desde o momento que os recuperandos entram na APAC, suas avaliações acontecem em vários períodos, e isso se torna importante, para verificar se tal recuperando tem propósitos e está cumprindo com os mesmos para sua recuperação. (SILVA, 2011).

4.3.12 Jornada de Libertação com Cristo

A APAC trás em seu escopo, o momento em que o recuperando pode ter para refletir sobre si mesmo, suas virtudes, seus princípios, dentre outros, importante ressaltar que apesar da APAC, neste fundamento usar um padrão parecido com o usado na igreja católica de assistência religiosa, todas as crenças são respeitadas e não prevalece nenhum tipo de crença religiosa, prevalecendo, desse modo, a vontade do recuperando em buscar a sua recuperação conforme suas crenças e virtudes. (SILVA, 2011).

A jornada de libertação com cristo vem da origem cristã que desenvolveu A-PAC, e é um momento onde os recuperandos param para refletir sobre si mesmo, durante um determinado tempo, neste período são oferecidas pelos voluntários aos recuperandos palestras, conversas dentre outras atividades, desenvolvidas sobre temas como a família, uso de drogas, álcool, espiritualidade, dentre outros. Neste período são convidadas pessoas especiais que motivem a recuperação do indivíduo, como por exemplo, a presença dos ex recuperandos, estes que na atualidade tem uma vida bem diferente, e melhor do que anteriormente a entrada na apac. (SILVA K, 2013).

4.5 A EXPERIÊNCIA APAC NO DIREITO COMPARADO

Neste título vamos abordar como a APAC é vista em todo o território nacional e internacional, demonstrando quais os países que a conhecem e adotam o projeto, evidenciando os resultados apresentados pela APAC em unidades internas e externas do país, além disso, vamos discorrer sobre como ocorreu à divulgação deste projeto no Brasil e no mundo, quais os meios que foram empregados, os eventos e convenções que foram realizados.

A APAC registra grande repercussão no Brasil e no mundo, devido ao baixo número de reincidência apresentado, conforme já evidenciado neste trabalho, na atualidade são mais de 100 unidades em todo o território brasileiro, sendo que algumas já estão em funcionamento, e outras em processo de implantação. Há métodos da APAC parcialmente implantado também fora do território nacional, como é o caso de países como Alemanha, Bulgária, México, Estados Unidos, Chile, Cingapura, El Salvador, Eslováquia, Honduras, Inglaterra, Letónia, Moldávia, Malawi, Namíbia, Nova Zelândia, Noruega, e modelos da apac integralmente aplicados nos países da Costa Rica (Cartago) e Equador (Guaiaquil). (ORDÓNEZ VARGAS, 2009).

Este processo de internacionalização do projeto APAC só foi possível devido à filiação desta, no ano de 1986, à Prison Fellowship International – PFI, órgão consultivo da ONU referente a assuntos prisionais, a partir desta data a instituição iniciou sua divulgação através de seminários e eventos, por este motivo, vários países começaram a adotá-la, conforme citado anteriormente. Outra data importante para a APAC foi o ano de 1991, quando um relatório foi publicado no EUA afirmando que esta poderia ser implantada em qualquer parte do mundo que seria um grande sucesso. (TRIBUNAL DE JUSTIÇA DE MINAS GERAIS, 2009).

A emissora pública de rádio e televisão BBC de Londres, também foi importante para a divulgação da APAC mundialmente, isso porque esta ficou 45 dias acompanhando todas as atividades e o dia-a-dia dos recuperandos do presídio de Humaitá, e logo após lançou uma fita de vídeo referente ao projeto APAC, evidenciando na fita o período da boa convivência que teve com os recuperandos, e esta foi divulgada mundialmente, especialmente na Europa e na Ásia. (TJMS, 2009).

No ano de 2002 em Minas Gerais, a APAC na cidade de Itaúna que foi a primeira a desenvolver este projeto, realizou seminário falando sobre a metodologia da APAC para 14 países de língua latina, o que aconteceu sucessivamente nos anos seguintes, em 2004 e 2008, neste cenário a APAC de Itaúna, a primeira a ser criada no Brasil, vem seguindo como modelo para a instituição de novas unidades deste projeto no território nacional e internacional. (TJMS, 2009).

Conforme evidenciado no decorrer deste título, a APAC é conhecida e aplicada não somente no Brasil, mas também existem outras unidades implantadas em vários outros países, e estes a adotaram devido aos resultados positivos que a A-PAC proporciona em relação à reincidência criminal, mas não somente em relação a isso, o projeto APAC proporciona diversos benefícios, tanto para o recuperando, quanto para a sociedade, um exemplo são as atividades profissionais desenvolvidas dentro da instituição APAC, que geram rendas para manutenção, e ainda ensina o recuperando uma profissão.

5 CONCLUSÃO

Com este trabalho é possível verificar que os direitos humanos presentes no cotidiano do indivíduo na atualidade, foram conquistados no decorrer da história, mediante guerras, movimentos e barbáries cometidas contra a população.

Os direitos humanos não são estáticos no tempo, mas estão em constante movimento no decorrer da história, passando por alterações conforme as necessidades encontradas pela população visando contextualizar e garantir estes direitos a todos indistintamente.

Visando garantir a aplicabilidade e supremacia dos direitos humanos, são criados, pactos, tratados, e cortes internacionais entre os países, além disso, os direitos humanos são internalizados dentro dos países, como é o caso dos direitos fundamentais recepcionado pela nossa Constituição Federal de 1988, assegurando aos indivíduos a limitação do poder do estado e de particulares que venham a infringir direitos básicos dos indivíduos, e proporciona a população garantias frente ao Estado.

Surgem então os princípios constitucionais, que servem para limitar o poder do Estado, e garantir direitos básicos aos indivíduos, como por exemplo, saúde, educação, lazer, trabalho, segurança.

Observamos neste trabalho na atualidade que ocorrem violações aos direitos humanos, como por exemplo, a situação do sistema prisional brasileiro. Os indivíduos que são condenados e cumprem sua pena em estabelecimentos prisionais, não tem o mínimo de dignidade humana que devem ter para que obtenham resultados positivos dentro deste sistema.

Os tratados internacionais têm o intuito de assegurar aos indivíduos condenados, condições mínimas de humanidade para cumprir a pena dentro dos sistemas prisionais, através da disponibilização de educação, saúde, trabalho, alimentação de qualidade dentre outros fatores. Neste ponto, apesar do Brasil ter um arcabouço jurídico bem elaborado, o que percebemos é que o sistema prisional brasileiro viola os direitos humanos, não praticando o que está disposto na legislação, trazendo malefícios a toda a sociedade.

Importante destacar que antes de o indivíduo ser condenado este passa por um processo penal, e a este deve ser garantido todas as formas de defesa. Os princípios processuais constitucionais servem para limitar e auxiliar o Estado na forma do judiciário no julgamento do processo. Se houver a condenação neste caso a pena deve ser proporcional ao ato praticado, não se identificando com as penas aplicadas nos sistemas penais adotados no decorrer da história, pois estes eram violadores aos direitos inerentes da pessoa.

Finalizado o Processo Penal, havendo condenação é iniciada a fase da execução da pena, o Estado é responsável em garantir direitos básicos aos indivíduos condenados. A pena durante o seu desenvolvimento na história foi violadora de direitos fundamentais, ocorrendo melhora após os indivíduos reivindicarem por seus direitos, e assim surgiu o processo penal.

Neste caso, o juiz aplica a pena ao condenado baseado no artigo 59 do Código Penal, para que não ocorra um excesso na aplicação, e neste caso existem espécies de penas que devem ser observadas juntamente com o delito praticado, para ver qual se ajusta melhor ao ato praticado. Importante ressaltar que a analise da pena deve ser feita minuciosamente, pois o cumprimento desta, querendo ou não, muda a rotina de vida do condenado, e esta não pode ser um meio de prejudicá-lo, mas sim de atingir seu objetivo que é a ressocialização do indivíduo.

Porém, conforme evidenciado neste trabalho a finalidade da pena não vem sendo alcançada, isso pode ser verificado através do alto número de reincidência que os sistemas prisionais vêm demonstrando na atualidade, sendo necessário tomar medidas de urgência para alterar tal situação.

Neste contexto, apesar do Estado ter um gasto alto para manter o indivíduo preso, a estrutura oferecida a estes indivíduos é de violação aos direitos humanos, pois não há nestes locais, alimento de qualidade, a estrutura está toda depredada, não há higiene, os apenados passam a maior parte do tempo sem atividades para aproveitar esse período ocioso, e auxiliar na sua recuperação, e por esse motivo acabam usando deste tempo para organizar tumultos dentro dos presídios.

A maioria dos indivíduos que geralmente são condenados, e se encontram nestes locais, são pessoas que não tiveram oportunidades, não tiveram educação de qualidade, atendimento de saúde, condições financeiras, uma família estruturada, ou seja, o meio em que estas passaram o maior tempo de suas vidas influenciou na situação em que se encontram na atualidade.

Conclui-se que para a recuperação do indivíduo, para sua ressocialização deve ser oportunizado a estes meios para que isso aconteça, porém, com a estrutura carcerária que temos na atualidade é impossível a ressocialização, e esta não é somente responsabilidade do estado, mas também da sociedade conforme está previsto na Lei de execução penal, tanto o Estado quanto a sociedade deve disponibilizar meios para que a pena atinja sua finalidade.

Resta evidenciado que já há em plena atividade várias instituições mantidas pela sociedade, que visam à recuperação dos indivíduos, e estas demonstram resultados positivos, além disso, priorizam a valorização do indivíduo, desde o condenado, até os profissionais que atuam dentro destas instituições. Estas instituições alternativas trazem vários benefícios não somente ao condenado, mas para toda a sociedade, como por exemplo, a diminuição da reincidência.

Foi neste contexto que Mário Ottoboni idealizou a Associação de Proteção e Assistência aos Condenados – APAC, após verificar vários direitos violados pelos sistemas prisionais de sua época Mario, iniciou um trabalho de auxílio dentro do sistema prisional, com alguns voluntários, após algum tempo fazendo este trabalho o mesmo foi apoiado pelo judiciário e juntamente com este criou a APAC.

A APAC prioriza valores que muitas vezes é esquecido de ser repassado para o indivíduo que está em desenvolvimento, e neste contexto este começa a praticar atos ilícitos, e infelizmente só para de cometer estes atos quando impedido por uma força maior, que pode ser o cárcere, uma tragédia ou projetos como a APAC, que lhe ensina esses valores que no decorrer de seu desenvolvimento foram ausentes, e perante isso o indivíduo começa a conhecer a si mesmo, e valorizar a si e aos outros, que o reconhece como quem merece uma segunda chance, neste cenário o indivíduo é recuperado e na maioria das vezes saí desta instituição e não volta a reincidir, ao contrário do que acontece nos sistemas convencionais.

Por este motivo na atualidade a APAC apresenta-se como uma solução viável e eficaz para os problemas encontrados nos sistemas prisionais adotados no país, isso porque a APAC é uma instituição que ensina valores aos condenados, não é como o sistema prisional comum, o qual deixa os indivíduos abandonados, com tempo ocioso, para que estes façam o que bem entender, como por exemplo, a organização de badernas dentro dos presídios, ao contrário, a APAC propõe atividades, palestras, oficinas, dentre outros em busca da recuperação do condenado, e não apenas deste, mas também de sua família, para que desse modo a recuperação seja efetiva.

Dentre as atividades desenvolvidas dentro da APAC existem os cursos profissionalizantes, e também professores voluntários que auxiliam o indivíduo a aprender e buscar uma profissão para sua vida fora da APAC. Dentro da APAC também existem pequenas oficinas, onde o recuperado trabalha para sustentar-se e também auxiliar sua família, neste contexto outro ponto positivo da APAC e que esta tem gastos bem inferiores com os recuperandos, do que o sistema prisional comum, isto porque conforme abordado, os condenados se mantêm dentro da APAC com o dinheiro que conseguem em virtude de seu trabalho digno realizado dentro da instituição.

A estrutura garante uma qualidade de vida, ou seja, a dignidade do condenado não é desrespeitada, como no sistema prisional comum, porém na APAC, o trabalho para manter esta instituição em funcionamento é todo realizado por voluntários em conjuntos com os recuperandos, por esse motivo não há a presença de agente prisional armados, não há viaturas nestes locais, e muitas vezes quem cuida das chaves das celas é um recuperando. E este não cuida somente das chaves, mas da limpeza, organização e também fazem a suas próprias refeições, tudo de maneira organizada e disciplinada entre os voluntários, administradores e recuperandos.

E devido a todos estes fatores benéficos evidenciados neste trabalho referente à APAC, o número de reincidência chega à aproximadamente 7%, enquanto em um sistema prisional comum o número de reincidência chega a aproximadamente 70%. (JULIO; SILVA, 2014). Neste contexto acredito ser necessária a aplicação da APAC em nossa região, pois a mesma traz inúmeros benefícios, conforme demonstrado no trabalho, além disso, é aprovada em vários países do mundo, e também vem sendo aplicada no Brasil. Dessa maneira verificando que APAC comparada com o sistema prisional padrão é melhor.

81

REFERÊNCIAS

ADORNO, Sérgio. **Sistema Penitenciário no Brasil:** Problemas e Desafios. 1991.78f. Universidade de São Paulo, São Paulo, 1991.

ALEXY, Robert. **Teoria dos Direitos Fundamentais.** 2ª ed. São Paulo: Malheiros, 2008.

ANDRADE, Manoela. **Direitos Fundamentais:** Conceito e Evolução. 2007. 5f. Universidade Federal de Santa Catarina.

ANJOS, Fernando Verenice dos. **Análise Crítica da finalidade da pena na execução Penal:** Ressocialização e o Direito Penal Brasileiro. 2009. 175f. Dissertação (Mestrado em Direito), Universidade de São Paulo, São Paulo, 2009.

ARAÚJO, Fábio Roque da Silva. **O princípio da Proporcionalidade aplicado ao Direito Penal:** Fundamentação Constitucional de Legitimidade e Limitação do Poder de Punir. 2009. 315f. Escola dos Magistrados da Bahia, Salvador. 2009.

ARRUDA, Andres Gustavo; OSS, Luzia Ester Santos; MACIEL, Patricia Xavier. **Os presídios no Brasil:** O histórico da pena e a comparação entre o sistema carcerário tradicional e o método APAC. 2015. 544f. Artigo científico (Curso de Direito), Faculdade da Serra Gaúcha, Caxias do Sul, 2015.

AZEVEDO, Rodrigo Ghinghelli de. **O Devido Processo Penal e as Garantias do Contraditório e da Ampla defesa no Inquérito Policial.** 2011. 88f. Programa de Pós - Graduação em Ciências Criminais, Universidade Católica do Rio Grande do Sul, Porto Alegre, 2011.

BARROSO, Luiz Roberto. **Curso de Direito Constitucional contemporâneo:** os conceitos fundamentais e a construção do novo modelo. 1ª ed. São Paulo: Saraiva, 2009.

BATISTELA, Jamila; AMARAL, Marilda R. A. **As regras mínimas para o tratamento de prisioneiros da ONU e a Lei de execução penal Brasileira:** Uma breve comparação. 2005. 13f. (Docentes do curso de Direito), Faculdade Integrada Antonio Eufrásio de Toledo, Presidente Prudente, 2005.

BISCAIA, Larissa Suzane; SOUZA, Maria Antônia. **Penas Alternativas:** Dimensões e Sócio-Educativas. 2005. 135f. Trabalho de conclusão de Pós Graduação, Universidade Estadual de Ponta Grossa, Ponta Grossa, 2005.

BITENCOURT, Cesar Roberto. **Falência da Pena de Prisão.** São Paulo: Revista dos Tribunais, 1993.

BITENCOURT, Cesar Roberto. **Tratado de Direito Penal V.** 16 ed. São Paulo: Saraiva, 2011.

BITENCOURT, Cesar Roberto. **Tratado de Direito Penal:** parte geral 1. 22ª ed. São Paulo: Saraiva, 2016.

BITENCOURT, Cezar Roberto. **Falência da Pena de Prisão:** Causas e Alternativas. 4ª ed. São Paulo: Saraiva, 2011.

BRASIL. **Constituição.** República Federativa do Brasil de 1988. Brasília, DF: Senado Federal, 1988. Disponível em: <http://www.planalto.gov.br/ccivil_03/Constituicao/Constituicao.htm>. Acesso em: 06 abr. 2016.

BRASIL. Lei n. 2.848, de 07 de dezembro de 1940. Institui o Código Penal. **Diário Oficial da União,** Rio de Janeiro, RJ, 07 dez. 1940. Disponível em: http://www.planalto.gov.br/ccivil_03/decreto-lei/Del2848compilado.htm. Acesso em: 21 ago. 2016.

CAMPOS, Raquel de Fátima Silva. **APAC:** Alternativa na Execução Penal. 2011. 49f. Monografia (Graduação em direito), Universidade Presidente Antonio Carlos, Barbacena, 2011.

CAPEZ, Fernando. **Curso de Processo Penal.** 23ª ed. São Paulo: Saraiva, 2016.

CARVALHO, Salo de. **Crítica à Execução Penal.** 2ª ed. Rio de Janeiro: Lumes Juris, 2007.

CASADO FILHO, Napoleão. **Direitos Humanos e Fundamentais.** São Paulo: Saraiva, 2012.

CONSELHO PERMANENTE DA ORGANIZAÇÃO DOS ESTADOS AMERICANOS. **Corte Interamericana de Direitos Humanos.** 2002.

COSTA, Simone Cotrim Lombardi da. **Paralelo entre o sistema prisional convecional e o método APAC.** 2012. 63f. Trabalho de Conclusão de Curso (bacharel em direito), Centro Universitário de Formiga, Minas Gerais, 2012.

COUTINHO, Adriana de Souza Lima. **Família, Religião e Trabalho Fatores de Reintegração de Detento Um estudo comparativo e Descritivo entre o sistema prisional comum e a Associação de Proteção e Assitência aos Condenados.** 2009. 119f. Dissertação (Pós graduação em Economia Doméstica), Universidade Federal de Viçosa, Minas Gerais, 2009.

DEPARTAMENTO PENITENCIARIO NACIONAL. **Levantamento Nacional de informações Penitenciarias Infopen** – junho de 2014. Brasília: Ministério da Justiça, 2014.

ENCONTRO NACIONAL DO GRUPO DE TRABALHO GÊNERO, 2014, nov.19-20. Campos dos Goytacazes: **A aplicação do método APAC (Associação de Proteção e Assistência aos Condenados) em unidades prisionais masculinas e femininas:** um estudo comparado. Campos dos Goytacazes: Universidade Estadual do Norte Fluminense Darcy Ribeiro, 2014.

FERREIRA FILHO, Manoel Gonçalves. **Direitos Humanos Fundamentais.** 14ª ed. São Paulo: Saraiva, 2012.

FERREIRA FILHO, Manoel Gonçalves. **Princípios fundamentais do direito constitucional:** o estado da questão no início do século XXI, em face do direito comparado e particularmente, do direito positivo brasileiro. 4ª ed. São Paulo:Saraiva, 2015.

FLORES, Andréa; LOPES, Jodascil Gonçalves. **Manual de Direito Penal.** São Paulo: Saraiva, 2015.

GIRÃO, Mardônio da Silva; CASSIMIRO, Arlete de Souza. **Privatização do Sistema Carcerário Brasileiro para atingir a finalidade da pena.** 2014, 22f. Curso de Direito, Universidade de Ribeirão Preto, Campus Guarujá, São Paulo, 2014.

GOMES, Eduardo Biacchi; SCHMIDT, Ayeza. **O Princípio da Dignidade da Pessoa Humana:** Um diálogo Entre fontes e o HC 91.952 (SP). 2012. 18f. Paraná.

GOMES, Luiz Flávio. **Beccaria (250 anos) e o drama do castigo penal:** civilização ou barbárie?. São Paulo: Saraiva, 2014.

GONÇALVES, Victor Eduardo Rios. **Curso de direito penal:** Parte geral. São Paulo: Saraiva, 2015.

GRUPO DE ESTUDOS CARCERÁRIOS APLICADOS DA UNIVERSIDADE DE SÃO GUERRA, Sidney. **Direito Internacional dos direitos humanos.** 2ª ed. São Paulo: Saraiva, 2015.

GUERRA, Sidney. **Direitos Humanos:** curso elementar. 2ª ed. São Paulo: Saraiva, 2014.

GURGEL, Maria Antonieta Rigueira Leal. **A efetividade das garantias do condenado no marco da intervenção no marco da intervenção penal em um estado democrático de direito:** análise do método APAC de cumprimento da pena privativa de liberdade. 2008. 136f. Dissertação (mestrado em direito), Pontifica Universidade Católica do Rio de Janeiro, 2008.

HEMÉTRIO, José Geraldo. et al. **A execução penal e a ressocialização do sentenciado:** Mito ou Realidade. 2012. 28f. Faculdade de Direito de Ipatinga, Ipatinga/MG, 2012.

INSTITUTO DE PESQUISA ECONÔMICA APLICADA - IPEA. **Reincidência criminal no Brasil;** Relatório de pesquisa. Rio de Janeiro. 2015. Disponível em: http://www.cnj.jus.br/files/conteudo/destaques/arquivo/2015/07/572bba38535700337 9ffeb4c9aa1f0d9.pdf. Acesso em: 14 de maio de 2016.

JORGE, Manoel; NETO, Silva. **Curso de Direito Constitucional.** 8ª ed. São Paulo: Saraiva, 2013.

JULIO, José Renato de; SILVA, Carla Batista de Souza. **Sistema Prisional Brasileiro** – Caminhos e Soluções. São Paulo. 2014. Disponível em: http://www.eduvaleavare.com.br/wp-content/uploads/2014/12/sistema_prisional.pdf. Acesso em: 14 de ago.de 2016.

LEBRE, Eduardo A. T; HORN, Manuela B. **O Presídio Feminino de Florianópolis e as Regras Mínimas para Organização Penitenciária.** 2010. 13f. Universidade Federal de Santa Catarina, Florianópolis, 2010.

LEITE SAMPAIO, José Adércio. **Direitos Fundamentais.** 2ª Ed. Belo Horizonte: Delrei, 2010.

LIRA JUNIOR, José do Nascimento. **"Matar o criminoso e salvar o homem"** o papel da religião na recuperação do penitenciário (um estudo de caso da APAC – Associação de Proteção e Assistência aos condenados – em Itaúna-MG). 2009. 110f. Dissertação (Mestrado em Ciências da Religião), Universidade Presbiteriana Mackenzie, São Paulo, 2009.

LOBATO, Anderson Cavalcante. **O reconhecimento e as garantias constitucionais dos direitos fundamentais.** 1996. 97f. Brasília.

LOPES JUNIOR, Aury. **Direito Processual Penal.** 11 ed. São Paulo: Saraiva, 2014.

LOPES JUNIOR, Aury. **Direito Processual Penal.** 13ª ed. São Paulo: Saraiva, 2016.

LOPES JUNIOR, Aury. **Fundamentos do Processo Penal:** Introdução Crítica. São Paulo: Saraiva, 2015.

MAIA, Luciano Mariz. **O Brasil Antes e Depois do Pacto de San José.** 2002. 97f. Brasília, 2002.

MALUF, Thiago; SANCHEZ, Claudio José Palma. **Sistema Carcerário Brasileiro:** Um exemplo de falta de dignidade e falência. 2014. 9f. Curso de Direito do Centro Universitário Toledo, São Paulo, Presidente Prudente, 2014.

MARCÃO, Renato. **Execução Penal.** São Paulo: Saraiva, 2012.

MASSOLA, Gustavo Martineli Massola. **A subcultura prisional e os limites da ação da apac sobre as políticas penais públicas:** Um Estudo na Cadeia Pública de Bragança Paulista. 2005. 388f. Tese (Doutorado em Psicologia), Universidade de São Paulo, São Paulo, 2005.

MASSON, Cleber Rogério. **Direito Penal Esquematizado:** Parte Geral. 4ª ed. São Paulo: Forense, 2011.

MENDES, Gilmar Ferreira; BRANCO, Paulo Gustavo G. **Curso de Direito Constitucional.** 10ª ed. São Paulo: Saraiva, 2015.

MENDONÇA, Claudiana da Silva; PESSOA, Raimundo Wellington Araújo. **A importância das penas alternativas na ressocialização do apenado**. 81f Disponível em: http://webcache.googleusercontent.com/search?q=cache:o4HHX6s8WYkJ:www.pan optica.org/seer/index.php/op/article/download/Op_3.3_2008_54-82/172+&cd=2&hl=pt-BR&ct=clnk&gl=br. Acesso em 13 ago. 2016.

MONTREZOL, Allan Cardoso; PRADO, Leandro Monteiro do. **Vestido de Honra**. 2008, 108f. Trabalho de conclusão de curso, (Bacharel em Rádio e TV), Centro Unoversitário de Monte Serrat, Santos, São Paulo, 2008.

MUNIZ NETO, Murilo César Coaracy. Método **APAC de administração de presídios:** Estudo sobre uma alternativa ao sistema prisional tradicional. 2011. 60f. Monografia (Curso bacharelado em direito), Centro Universitário de Brasília, Brasília, 2011.

NEGRINI, Julivan Augusto. **Direito Processual Penal I**. 2016. 21f. Curso de Direito. Universidade do Oeste de Santa Catarina. Chapecó, 2016.

NERY, Déa Carla Pereira. **Teorias da pena e sua finalidade no direito penal brasileiro. 2008.** 10f. Pontifica Universidade Católica de São Paulo, São Paulo, 2008.

NEVES, Luiz Gabriel Batista. **A função do Processo Penal no Estado Democrático de Direito**. 2010. 9f. (Mestrado em Direito Público), Universidade Federal da Bahia, Salvador, 2010.

NUNES, Adeildo. **Da Execução Penal**. 3ª ed. Rio de Janeiro: Forense 2013.

ORDÓNEZ VARGAS, Laura. **Todo o homem é maior que seu erro?** Bases para uma reflexão sobre o método alternativo de gestão carcerária. 2009. 163f. Tese (Doutorado em Antropologia Social), Universidade de Brasília, Distrito Federal, 2009.

PAULO- GECAP-USP. **Custos da Prisionalização** – 7 informações básicas sobre o encarceramento. São Paulo. 2014. Disponível em: http://www.gecap.direitorp.usp.br/index.php/noticias/44-custos-da-prisionalizacao-7-informacoes-basicas-sobre-encarceramentohttp://www.gecap.direitorp.usp.br/index.php/noticias/44-custos-da-prisionalizacao-7-informacoes-basicas-sobre-encarceramento. Acesso em: 29 de junho de 2016.

PIOVESAN, Flávia. **Temas de Direitos Humanos**. 8º ed. São Paulo: Saraiva, 2015.

PRADO, Luiz Regis. **Direito de Execução Penal**. 3ª ed. São Paulo: Revista dos Tribunais, 2013.

PRATA, Elisângela Maria Machado; SANTOS, Manoel Antonio dos. **O Processo Saúde- Doença e a Dependência Química:** Interfaces e Evolução. 2009. 211f. Universidade Camilo Castelo Branco, São Carlos/SP, 2009.

RAMOS, André de Carvalho. **Teoria Geral dos Direitos Humanos na ordem Internacional**. 5ª ed. São Paulo: Saraiva, 2015.

SAMPAIO, José Horácio. **Os direitos Fundamentais e Garantias Individuais como Pressupostos para a Eficácia dos Direitos Humanos do Presidiário.** 2008.146f. Dissertação (Mestrado), Universidade de Fortaleza, 2008.

SARLET, Ingo Wolfgang. **A Eficácia dos Direitos Fundamentais:** Uma Teoria Geral dos Direitos Fundamentais na Perspectiva Constitucional. 10ª ed. Porto Alegre: Livraria dos advogados, 2010.

SILVA JUNIOR, Antonio Carlos da Rosa. **Recuperação Religiosa de presos:** Convenção Moral e Pluralismo Religioso na APAC. 2013. 122f. Dissertação (Pós-Graduação em Ciência da Religião), Universidade Federal de Juiz de Fora, Juiz de Fora, 2013.

SILVA, Fernando Laércio Alves da Silva. **Método APAC:** Modelo de Justiça Restaurativa Aplicada à Penas Privativa de Liberdade. 2007. 185f. Dissertação (mestrado em direito), Faculdade de Direito de Campos, Rio de Janeiro, 2007.

SILVA, Jane Ribeiro. **A execução penal à luz do método APAC.** 2011. 376f. Organização da Desembargadora do Tribunal de Justiça de Minas Gerais, Belo Horizonte, 2011.

SILVA, Jhéssica Katherine. **APAC:** Uma solução para humanização nas prisões Brasileira. 2013. 20f. Monografia (Graduação em Direito), Universidade Presidente Antônio Carlos, Barbacena, 2013.

SOARES, Evânia França. **Uma reflexão sobre as APACS.** 2011. 92f. tese (Bacharel em Direito), Universidade Federal de Minas Gerais, Pampulha, 2011.

SUPREMO TRIBUNAL FEDERAL – STF. **Pacto de San José da Costa Rica sobre direitos humanos completa 40 anos.** Brasília. 2009. Disponível em: http://www.stf.jus.br/portal/cms/verNoticiaDetalhe.asp?idConteudo=116380. Acesso em: 09 de abril de 2016.

SUPREMO TRIBUNAL FEDERAL. **Informativo STF Mensal (compilação):** Compilação de informativos n. 773 a 812. Brasília. 2015. Disponível em: http://www.stf.jus.br/arquivo/cms/publicacaoInformativoTema/anexo/CompilaoInformativomensal2015.pdf. Acesso em: 15 de abril de 2016.

TAQUARY, Eneida Orbage. **A Proteção à Pessoa Humana:** Sistema normativo de proteção global geral. 2013. 22f. Centro Universitário de Brasília, Brasília, 2014.

TEIXEIRA, Anderson Vichinkeski; FILHO CAPELO, Francisco Soares. **A Evolução dos Direitos Humanos sob os Influxos dos Processos de Globalização.** 2014. 199f. Curitiba, 2014.

TOURINHO FILHO, Fernando da Costa. **Processo Penal. 33ª ed.** São Paulo: Saraiva,2011.

TRIBUNAL DE JUSTIÇA DO ESTADO DE MINAS GERAIS – TJMG. **Projeto Novos Rumos na Execução Penal.** Belo Horizonte. 2009. Disponível em:

http://ftp.tjmg.jus.br/presidencia/novos_rumos_/cartilha_apac.pdf. Acesso em: 31 de ago. de 2016.

TRIBUNAL DE JUSTIÇA DO ESTADO DE MINAS GERAIS – TJMG. **Projeto Novos Rumos na Execução Penal.** Belo Horizonte. 2011. Disponível em: http://ftp.tjmg.jus.br/presidencia/programanovosrumos/cartilha_apac.pdf. Acesso em 04 de set. de 2016.

VARGAS, Laura Jimena Ordóñes. **É possível humanizar a vida atrás das grades?** Uma etnografia do Método de gestão carcerária APAC. 2011. 252f. Tese (Doutourado em Antropologia Social), Universidade de Brasília, Brasília, 2011.

ZANON JUNIOR, Orlando Luiz. **Direitos Humanos e Moral:** Os valores morais nas fases de positivação e de aplicação dos direitos humanos. 2010. 132f.

Druck:
Customized Business Services GmbH
im Auftrag der KNV-Gruppe
Ferdinand-Jühlke-Str. 7
99095 Erfurt